Tirso de Molina

El melancólico

Barcelona **2024**
Linkgua-ediciones.com

Créditos

Título original: El melancólico.

© 2024, Red ediciones S.L.

e-mail: info@linkgua.com

Diseño de cubierta: Michel Mallard

ISBN tapa dura: 978-84-9897-003-6.
ISBN rústica: 978-84-9816-501-2.
ISBN ebook: 978-84-9953-112-0.

Sumario

Brevísima presentación

La vida

Tirso de Molina (Madrid, 1583-Almazán, Soria, 1648). España.
Se dice que era hijo bastardo del duque de Osuna, pero otros lo niegan. Se sabe poco de su vida hasta su ingreso como novicio en la Orden mercedaria en 1600 y su profesión al año siguiente en Guadalajara. Parece que había escrito comedias, al tiempo que viajaba por Galicia y Portugal. En 1614 sufrió su primer destierro de la corte por sus sátiras contra la nobleza. Dos años más tarde fue enviado a la Hispaniola (actual República Dominicana), regresó en 1618. Su vocación artística y su actitud contraria a los cenáculos culteranos no facilitó sus relaciones con las autoridades. En 1625, el Concejo de Castilla lo amonestó por escribir comedias y le prohibió volver a hacerlo bajo amenaza de excomunión. Desde entonces solo escribió tres nuevas piezas y consagró el resto de su vida a las tareas de la orden.

Personajes

Leonisa, pastora
Firela, pastora
Carlín, pastor
Rogerio, duque
El Duque de Bretaña
Filipo, caballero
Enrique, conde
Clemencia, duquesa
Pinardo, viejo, padre de Rogerio
Un Paje
Ricardo
Músicos

Jornada primera

(Salen Leonisa y Firela, pastoras, con líos de ropa en las cabezas, y Carlín, pastor.)

Firela   Carlín, déjanos aquí;
no seas siempre pelmazo.

Carlín   Pues ¿qué importaba un abrazo,
si ves cuál ando tras ti?

Firela   ¿Cuál andas?

Carlín   Cual te dé Dios
la salud. Ando cual ves.

Firela   ¿Cuál andas?

Carlín   Ando en dos pies,
porque andas tú en otros dos.

Firela   En cuatro fuera mejor,
que eres un asno

Carlín   Si tratas
de que ande, Firela, a gatas
a gatas anda el Amor,
que es niño, aunque canas tién.

Leonisa   Déjanos ir a lavar,
que es tarde.

Carlín   Pues no han de hablar.

Leonisa	Déjale, Firela, y ven.
Carlín	¡Válgame Dios! ¿También la rezonga? Pues venga acá. ¿Qué cuenta al cura dará después, mi pastora bella, si por no amarme me mata?
Firela	¡Oh, qué pesado que estás!
Carlín	El quinto, no matarás. No matéis, Firela ingrata, con desdén a las criaturas, que tenéis, aunque gallarda, mucho, Firela, de albarda en esto de her mataduras.
Firela	Mira que estamos cargadas con los líos de la ropa.
Carlín	Si no más de en eso topa, ¿hay son soltarlo, y sentadas escuchar la arenga larga de mi amor? Soltaldos —iea!— que lo que el amor desea es echarse con la carga. Lejos está el lavadero escuchad mis desvaríos, y yo os llevaré los líos.
Leonisa	Oye aqueste majadero, porque la ropa nos lleve y acabe ya de cansarte, que tengo a solas que hablarte.

Firela	Vaya.
Carlín	Vaya.
Firela	En breve.
Carlín	En breve.

Mi burro y, yo...; no va bien,
que el burro no ha de ir delante.
Yo y mi burro...; ¡qué ignorante!
Cuantos a un borrico ven
    cargado ¿no es cosa clara
que lleva al dueño tras sí
dándole de palos?

Firela	Sí.

Carlín   Pues llevando yo la vara
    con que darle, cuesta arriba
y cuesta abajo, a compás,
llevándome a mí detrás,
el burro delante iba.

Leonisa   ¿Y eso importa para el cuento?

Carlín   ¡Válgame Dios! De aquí arguyo
que es bien darle lo que es suyo
también al pobre jumento.

Firela   Pasa adelante.

Carlín   ¿Quién? ¡Yo!
Si adelante he de pasar,

no querrá el borrico andar
porque si detrás no vo
   se me aleva al primer paso,
que es bestia de mucho tiento.

Firela   Que pase adelante el cuento,
te digo.

Carlín   Vamos al caso.
   La borrica del barbero,
que venía del molino,
luego que a mi pollino
—no sé yo quien vio primero
   a quién— mi burro bajaba,
y, la borrica sobía;
la vista el burro ponía
en cada paso que daba.
   La burra, al sobir la cuesta,
no le debió de mirar,
porque nunca suele alzar
los ojos, que es muy honesta.

Leonisa   Acaba ya.

Carlín   No se aburra;
mas diga, cuando se ven,
¿quién mira primero a quién,
amándose, el burro o burra?

Firela   Ambos a dos, si en tal caso
es igual la voluntad.

Carlín   ¡Por Dios que decís verdad!
Así hué. vamos al caso.

El burro, como se pica
de cortesano, al pasar,
a la burra hizo lugar;
mas díjole la borrica:
    «No pasaré, ciertamente;
pase vuesa borriquencia.»
Dijo él: «No haré en mi conciencia».
Yo, que estaba ya impaciente,
    alzando la vara y voz,
le di un palo entre las cejas;
y ella alzando las orejas,
le dio al borrico una coz
    tal, que ha menester braguero,
porque está el pobre quebrado.
El alcalde ha sentenciado
que la burra del barbero,
    si mi burro lo consiente,
con él tién de desposarse,
porque el dar coz es casarse
por palabras de presente.
    Mas yo por eso no paso.

Firela   Pues eso ¿qué tién que ver,
                bestia, con darme a entender
                el tu amor?

Carlín   Vamos al caso.
                    El dar coces, ¿no es, Firela,
                querer desposarse dos?
                Dadme, pues, una coz vos,
                con botín o con chinela;
                    cuésteme una quebradura,
                aunque os estará a vos mal,
                que con esto no habrá tal

como ahorrar de baile y cura;
   pues si por plieto se saca,
venirnos los dos a ser
tan marido y, tan mujer
como Adán y doña Urraca.
   Y porque no es para más
y voy a buscar amigos,
de este concierto testigos,
porque no os volváis atrás,
   los líos que os prometí
llevo a la huente veloz;
mas mirad dó dais la coz,
no os quejéis después de mí.

(Vase Carlín con los líos.)

Leonisa   Es un tonto; déjale;
no hagas caso de él, Firela,
que cosas de más caudal
te quieren decir mis quejas.
Ese Rogerio, aquese hombre
que tiene el alma de piedra
en cuerpo de hueso y carne,
descuidado me desvela.
Ése, que todo lo sabe,
y haciendo del campo escuelas,
le llaman Fénix los sabios
en las armas y en las letras,
desdeñoso, presumido,
con saber todas las ciencias,
ignora las del amor,
que son las que el alma precia.
Bien sabes tú, mi pastor,
que me da nombre esta sierra

verdadero, de cruel,
si mentiroso, de bella.
Aunque entre frisa y sayal
nací, serrana grosera,
en cuerpo humilde y villano
aposento un alma reina.
Caudalosos ganaderos
juran —podrá ser que mientan—
que el alma les tiranizo
cautiva de sus potencias.
¿Qué abril de la juventud
no me ofrece, si no pecha
entre esquilmos de intereses
tributos de gentilezas?
¿Qué tálamos de deseos
no son túmulos que enseñan
de desdenes homicidas
esperanzas ya funestas?
¿Qué tronco no es ya letrado
a puras cifras y empresas,
libros de la voluntad,
del sencillo amor imprentas?
¿Hay fuente que no murmure
mi rigurosa aspereza?
¿Prado que no me retrate?
¿Eco que no me dé quejas?
Pues a todos soy ingrata.
Solo agradecida, necia
a un hombre sabio, ignorante,
que enamorando atormenta.

Firela
    Rogerio, Leonisa mía,
que en tantas cosas diversas
se ocupa, no da al Amor,

15

ociosa deidad, licencia.
Es padre suyo Pinardo,
y sucede en la herencia
de estas fértiles montañas,
que rústicos pueblos cercan.
Tenémosle por señor,
y como tal le respetan
los frutos de aquestos valles,
que siempre le pagan renta.
No querrá humillar el alma
a pastoriles bellezas,
que entre sayales vasallos
se ensoberbece la seda.
Hale enseñado su padre
todas sus armas y ciencias
porque le herede su ingenio
como el estado le hereda.
Las letras, según el cura,
causan al sabio soberbia.
Sabio es Rogerio; ¿qué mucho,
si lo es, que se ensoberbezca?
Tú, si bien la más hermosa,
eres hija de una aldea,
pajiza choza tu casa
y tu dote cien ovejas.
A la sombra de las canas
que obediente reverencias,
mil aldeanas te envidian,
mil zagales te desean.
¿Qué abril hay que en flor y en rama
no te entapice la puerta?
¿Qué Mayo en gigantes mayos
que a tu puerta no amanezca?
Quiere a quien te quiere bien,

e imposibles locos deja,
que del brocado y sayal
nunca se hizo buena mezcla.

Leonisa   Eso díselo tú al alma;
                            verás, amiga Firela,
                            qué de cosas te responde
                            en mi abono y su defensa.
                            ¿Él amor no es fuego?

Firela   Sí.

Leonisa   ¿Y éste, por naturaleza,
                            no sube lo más arriba
                            que es posible hasta su esfera?

Firela   Así será, pues que tu
                            lo afirmas que eres discreta.

Leonisa   ¿Pues qué importa que esté el fuego
                            cebado en la tosca leña
                            o en la despreciada paja?
                            ¿Por eso es razón que pierda
                            su inclinación generosa
                            y que el subir no apetezca?
                            Pues ¿qué importa que mi amor
                            cebado en alma grosera,
                            humilde sujeto abrace,
                            si experimento en mí mesma
                            que a pesar de mi ser tosco,
                            subir al valor intenta
                            de Rogerio, noble y rico,
                            que es centro donde sosiega?
                            Todas las almas, amiga,

son iguales. La materia
de los cuerpos solamente
hacen esa diferencia.
Alma noble me dio el cielo.
No te espantes si con ella
el amor, fuego con alas,
intenta subir y vuela.
A Rogerio he de adorar.

Firela   Basta, que estás bachillera,
después que en Rogerio sabio
tus esperanzas alientas.
Vamos a lavar agora,
por ver si en la fuente templas
ardores tan desiguales.

Leonisa   No hayas tú miedo que pueda,
que es poca el agua del mar.

Firela   Los serranos que desdeñas,
¿qué han de hacer, si no los amas?

Leonisa   Que pues padezco, padezcan.

(Vanse. Salen Rogerio, galán, y Pinardo.)

Pinardo   Ya no tengo qué enseñarte.
En la esgrima tu destreza,
junto con tu fortaleza,
retratan en ti otro Marte;
la pintura verá su arte
eternizada por ti;
las liciones que te di
en la música, maestro

te han de llamar del más diestro,
cifrándole Apolo en ti.
   Sutil dialéctico estás;
docto en la filosofía;
sabes de la astrología
lo que es lícito y no más.
Metafísica podrás
enseñar a quien la enseña;
y aunque una parte pequeña
sabes de la arquitectura,
por ti Vitrubio asegura
el renombre que en ti empeña.
   Versos haces extremados,
los que para un cuerdo bastan;
que los que a resmas los gastan
no están ya bien opinados.
Los términos no excusados
de la corte, en que publiques,
cuando al palacio te apliques,
lisonjas, estudiado has.
No falta, Rogerio, más
de que cuerdo los platiques.

Rogerio   Si al padre se debe el ser,
y al maestro el ser de hombre,
y en ti de uno y otro el nombre,
señor, te llego a deber,
¿cómo podré agradecer
el doble ser que te debo?
Por padre, a darte me atrevo
gracias de eternos loores,
mas por maestro, mayores,
pues que me engendras de nuevo.
   Dichoso yo, que traslado

vengo a ser de original
como el Sol universal
de tanta ciencia adornado.
Mil cosas me has enseñado,
que, como dices, quisiera
que alarde de ellas hiciera
mi estudio, y tu nombre claro;
que encierra el oro el avaro,
y el noble le ostenta fuera.
    ¿Qué aguardas, padre, en llevarme
a la corte?

Pinardo
    Aun falta más;
que puesto que docto estás
en todo, y puedes honrarme,
temo desacreditarme
por otra parte.

Rogerio
    ¿En qué modo,
si a tu gusto me acomodo?

Pinardo
Aunque tan sabio te siento,
voluntad y entendimiento
componen un hombre todo.
    Y puesto que sea verdad
que al entendimiento debes
las letras con que te atreves
a cualquiera facultad,
no sé que la voluntad
en hombre te constituya,
pues es tan seca la tuya,
que muestras por experiencia
que te falta esta potencia
porque tu ser te destruya

tu juventud tan florida.
Cuando estímulos de amor,
desde el rey hasta el pastor,
dan a sus incendios vida,
tú, que imagen esculpida
de bronce debes de ser,
¿has podido defender
de apacibles tiranías
el alma, si en piedras frías
se puede amor encender?
¡No te viera yo siquiera
—no digo amar— mas gustar
de ser visto y de mirar
alguna cara hechicera!
¡Alguna vez no te viera
hurtar del estudio ratos,
y en los hermosos retratos,
del cielo de amor despojos,
tal vez descuidar los ojos,
que ya blasonan de ingratos!
¿Cómo podré yo atreverme
que vaya a la corte un hombre
—si es que merece este nombre—
quien entre las llamas duerme?
Voluntad que allá no enferme,
no es cortés, esto es verdad;
ni es bien que en tu sequedad
lleves, por hacerme agravio,
un entendimiento sabio
y una idiota voluntad.

Rogerio   Aquí, señor, no hay sujeto
en que lograr esperanzas,
ni entre groseras labranzas

mi amor halla igual objeto.
Si me tienes por discreto,
y amor es similitud
¿por qué culpas la quietud
que en mi libertad desprecias?
¿Es bien que serranas necias
malogren mi juventud?
    Viva el alma libre y franca,
pues en su estudio me alegra.

Pinardo   Ensayar la espada negra
                 suele hacer diestra a la blanca.
                 Nunca tras el toro arranca
                 quien no ensayó su valor
                 en el novillo menor;
                 y un discreto, si lo ignoras,
                 llamaba a las labradoras,
                 espadas negras de amor.
                     Si el filósofo admirable
                 llamó animal racional
                 al hombre, Platón, su igual,
                 le llama animal sociable.
                 El que no es comunicable
                 no es hombre, según Platón,
                 y siguiendo su opinión,
                 te hará tanta sequedad
                 bruto por la voluntad,
                 aunque hombre por la razón.
                     Si ver la corte pretendes,
                 como aprendiste a saber,
                 también aprende a querer,
                 que en verte un mármol me ofendes.
                 Ama del modo que entiendes
                 más apacible y humano,

porque en el palacio, es llano
que gradúa el menosprecio
al más docto por más necio,
si es sabio y y es cortesano.

(Vase Pinardo.)

Rogerio   Entre el amor y el desdén,
mal la ciencia se conserva,
porque Venus y Minerva
jamás se llevaron bien.
Ojos que hermosuras ven
contra pasiones confusas,
no hallan a su daño excusas,
pues su ocupación distinta,
deshonesta a Venus pinta
y vírgenes a las Musas

(Sale Carlín, que aparece mojado y lleno de jabonaduras.)

Carlín   ¡Ay, cuál vengo! Amor, no más.
¡Huego de Dios en tal dios!
Yo me acordaré de vos.

Rogerio   Pues Carlín ¿a dónde vas?

Carlín   ¡Ay, nuesamo el mozo! A echarme
catorce bizmas.

Rogerio   ¿Caíste?

Carlín   En la cuenta o en el chiste.
¿De Amor, podréis escucharme
cuatro gruesas de razones?

Rogerio	¡Qué tales ellas serán!
Carlín	Y dichas. Pues fama os dan que sabéis por seis salmones, ¿una traza no podréis darme, con que de Firela, que es tramposa y me desvela si no me ama, me venguéis?
Rogerio	¿Yo?
Carlín	Porque no me reproche.
Rogerio	De Amor no sé jugar treta.
Carlín	Pues yo conozco poeta que compra trazas de noche.
Rogerio	¿Qué te ha sucedido?

Carlín	Estaba
	en la huente, gorda y lucia
	lavando, que lo que ensucia
	mi amor, Firela lo lava.
	    Parlaban las compañeras
	—que todas nuestras serranas,
	por lo que tienen de ranas,
	en el agua son parleras—
	    y dábanle con los mazos
	en la ropa, que el regalo
	que dan es jabón de palo,
	arremangados los brazos.
	    Yo, que topé la ocasión,

lleguéme a Firela y dije:
«Mi amor, que es niño y me aflige,
debe de ser pañalón,
    porque tal vez huele mal
cuando triste a casa vuelvo,
y el alma donde le envuelvo
hace oficio de pañal.
    Cerapez tién, ¿qué os espanta?
lavádmela si os molesta,
que quien con niños se acuesta,
ya vos veis cual se levanta.»
    «Que mos prace», respondieron
todas, asiendo los mazos...
¡Pardiós! que a puros porrazos
las costillas me molieron.
    Pegaban con tanta acucia,
que de miedo el alma helada
creyendo salir lavada,
o suda, o vuelve más sucia.
    y a no llegar cortesanos
con el duque en compañía,
llenas de volatería
como los cascos, las manos,
    cazando, daban los mazos
en la huesa con Carlín;
que ropa de mazo, en fin,
muere moza hecha pedazos.
    Dadme algún remedio vos

Rogerio   ¿El Duque ha salido a caza?

Carlín   A volar una picaza.

Rogerio   ¿Aquí cerca?

Carlín   Sí, por Dios;
                    y si no se me trabuca
                    el meollo, una mujer
                    machorra, que debe ser,
                    pues va a caballo, la duca.

Rogerio   No hay tal entretenimiento
                    cual la caza para mí.
                    Voile a ver.

Carlín   Y yo, que ahí
                    batanada el alma siento,
                        echarme cien bizmas trazo.
                    Para el enfermo de amor,
                    Firela es lindo doctor,
                    que le cura con un mazo.

(Vanse los dos. Salen el Conde Enrique y Clemencia, ambos bizarros, de caza.)

Enrique   Mientras el duque caza,
                    y en ejercicios nobles se embaraza,
                    oye, Clemencia mía,
                    desvelos de mi ciega fantasía.
                    Darás, árbitro juez, en ellos traza
                    de mi vida o mi muerte.
                    Veniste de Borgoña
                    a darle a él la mano, a mí ponzoña,
                    y siendo su sobrina,
                    hacerte esposa suya determina;
                    mas la llama por tierna, en mí bisoña,
                    hechizo de mis ojos,
                    si en él engendra gustos, en mí enojos.
                    Sobrino y heredero

soy suyo, y de sus deudos el primero.
Su vida es imposible
que dilate más tiempo el infalible
censo fatal, que en vasallaje fiero,
a la tirana ingrata
tributa el mozo en oro, el viejo en plata.

Clemencia   ¿Qué sacas de todo eso?

(Sale el Duque, oculto.)

Duque (Aparte.)   (Es vieja la sospecha, Amor sin seso,
y Enrique con Clemencia,
creciendo celos, menguan mi paciencia.
Yo soy viejo, ella moza, y él travieso;
tras ellos mi sospecha
me trae, que amor con celos, siempre acecha.)

Enrique   Si al duque al fin heredo,
y en verde mocedad, Clemencia, puedo
en tálamos iguales
amarte esposo y remediar mis males,
¿cuánto mejor te está gozar sin miedo
de caducos engaños,
florida juventud que helados años?
No ofendas tal tesoro,
ni con fallida plata mezcles oro
de preciosos quilates,
pues cuando al ciego Amor coyundas ates,
si bien te quiere el duque, yo te adoro,
ni tan hermoso espejo
niegue objetos a un mozo por un viejo.

Duque (Aparte.)   (¡Oh, amante lisonjero!,

no serás, si yo puedo, mi heredero;
que no es bien me suceda
deudo que en vida lo mejor me hereda.
Hijo tengo, retrato verdadero,
que a quien es corresponde.
Pero veamos lo que dice al conde.)

Clemencia   Enrique, en la tutela
del duque, que en amarme se desvela,
quedé desde la cuna,
muertos mis padres; y en igual fortuna,
el tiempo de mi edad, que joven vuela,
conoce satisfecho
la poca falta que con él me han hecho.
Duquesa me obedece
Orliens estado real; si me apetece
mi tío, el de Bretaña;
y el fuego de mi amor la nieve engaña,
que este hechicero amor rejuvenece,
no sé que el gusto mío
admita ver esposo a quien ve tío.
Ataja tú esos daños
y persuade sus nestóreos años;
que yo que le obedezco,
no amante, padre sí, la mano ofrezco,
a quien, cuando consulte desengaños,
el Duque me dedique.

Enrique   Espera.

Clemencia   Harto os he dicho, conde Enrique.

(Vase Clemencia.)

Enrique	Harto, y tanto, que dudo si estoy despierto o sueño. Dios desnudo, pues que rapaz te llamas, destierren canas tus sabrosas llamas, que tu reino jamás sufrirlas pudo. Al Duque desengaña. Dame a Clemencia, Amor, dame a Bretaña.

(Vase Enrique.)

Duque	Ni a Bretaña, ni a Clemencia, que tengo ya sucesor. ¡Menos impulsos, mi amor; y mis canas, más prudencia! La Duquesa ha dicho bien; no dice mi senectud con la verde juventud que en su edad mis ojos ven. Sucesores deseaba que legítimos en ella me heredasen, mas la estrella que en Rogerio Francia alaba, me inclina a que de Bretaña el ducado ilustre herede, y el conde Enrique se quede con la opinión que le engaña. Hijo es mío natural mi Rogerio, y la prudencia que hace a mi amor resistencia le dará mujer igual.

(Vase el Duque. Salen Pinardo y Rogerio.)

Rogerio	Ya he vuelto por la opinión

que perdió mi voluntad
por seca y sin afición;
ya, señor, la autoridad
y sentencia de Platón
    puede definirme en hombre;
pues si es animal sociable,
porque en ti el amor te asombre,
una belleza agradable
me ha honrado con este nombre.
    Ya estoy tan enamorado
que no sé si vivo en mí.

Pinardo   ¿Tan presto?

Rogerio   Es precipitado
amor. Vine, vi y perdí
la libertad, no el cuidado.
    Ya juzgaré por mejor
potencia la voluntad
que el entendimiento. Amor,
de su noble facultad,
hoy me ha hecho profesor.
    Desde hoy cursaré su escuela.

Pinardo   Rogerio, perdido estás.

Rogerio   Amor, como es ave y vuela,
llegó presto. Oye, y sabrás
la causa que me desvela.

    La caza, ocupación que al noble muestra
del trato militar cifras y sumas,
al duque trajo a la comarca nuestra,
que yo solía gozar, porque presumas

que el ver servir al viento de palestra
a escaramuzas de enemigas sumas,
mi natural inclina venturoso,
en ser símil del tuyo generoso.
   Emboscóse, perdíle, y a la fuente
del arrayán, guïando amor mi paso,
la humildad contemplaba de su oriente,
la soberbia, ya río, de su ocaso,
cuando vagando Amor por su corriente,
corrida su deidad del poco caso
que hacía de sus llamas mi sosiego,
rayos de agua forjó, si antes de fuego.
   Una serrana, entre otras lavanderas,
cristales con cristales afrentaba
lavando linos y aumentando esferas
en círculos de plata, que acendraba.
Espejos eran todos, donde vieras,
que el Sol con sus reflejos retrataba,
no ciego, lince sí, bellos despojos,
dando ojos a la ropa y a Amor ojos.
   Ésta es vasalla nuestra, ésta es Leonísa
de libres presunciones vengadora,
que flores crece cuando flores pisa,
perlas produce cuando perlas llora.
Pagaba el agua en sucesiva risa
contactos suyos, más murmuradora
que otras veces, que en ver que no podía
cursos parar, corriendo se corría.
   Presas madejas, no de las que a Febo
peina el Aurora, que ésas son de oro,
e ébano sí, que estima el uso nuevo,
cabellos negros, no rubio tesoro,
en un jardín de red, cárcel que apruebo,
si es bien tener en la prisión que adoro

grillos de voluntades, que traviesos,
más almas prenden, cuando están más presos.
   Blanca gorguera, abierta lechuguilla,
guarnecida de puntas, mejor flechas
que entre limpia camisa, maravilla
será si ves sus pechos, y no pechas.
Ribeteado sayuelo de palmilla
verde en color, azul en mis sospechas,
mangas presas al hombro, cuyo lino
humano fue esta vez con lo divino.
   Gozaba el agua lo demás que callo,
puesto que bien pudiera por viriles,
cuando no distinguirlo, penetrallo.
Los ojos del amor, Argos sutiles
de mi vasalla, en fin, siendo vasallo,
criminales deseos, en civiles
ejercicios, de estudios ocupados,
a nuevo amor dan ya nuevos cuidados.
   No sé lo que le dije, divertido;
mas sé que respondiéndome agradable,
mudó palabras al mayor sentido,
si Amor ciego, por ojos es bien que hable.
Tus consejos, señor, he ya cumplido;
hombre soy con Platón comunicable.
No dirás, si intratable daba nota,
que ya me agravia voluntad idiota.

Pinardo   Ni tanto, hijo, ni tan poco;
ni en amar tan descuidado,
ni de suerte enamorado,
que de libre des en loco.
   De dos extremos contrarios
un medio se perficiona;
la sequedad te ocasiona

32

a efectos extraordinarios,
 y el amor que ahora adquieres
en cosa tan desigual,
de tu noble natural
te ha de hacer que degeneres,
 a todo pondrás remedio
si ves, que para querer,
el cuerdo no ha de escoger
por fin lo que solo es medio.
 Quita tú de aquese amor
lo supérfluo, y quedará
en buen punto.

Rogerio   No será
posible eso ya, señor.
 La memoria, que por tarda,
con dificultad aprehende,
lo que difícil entiende,
sin olvidarlo lo guarda.
 Yo, que en la memoria tengo
esta vez la voluntad,
si puse dificultad
en amar, y ya prevengo,
 prenda, en que mi gusto viva,
al ángel he de imitar
en no saber olvidar,
porque eterno en ella viva.

Pinardo   ¿Hay mudanza semejante?

(Sale Carlín.)

Carlín   Nuesamo, los dos duquesos,
con pájaros y sabuesos,

están en casa.

Pinardo   ¡Ignorante!

Carlín   ¿qué dices? Que en casa están
los dos ducos, hembra y macho.
¿Pensará que esto borracho?
Pues ya llegan al zaguán.

Pinardo   ¡Válgame el cielo! salgamos
a recebirlos.

Carlín   ¡Verá!
De rondón se entran acá.
Boda hay hoy. Cena esperamos.

(Salen por una puerta el Duque, Clemencia y Enrique. Por otra, Leonisa y Firela, con líos llenos de flores y músicos, con vestimenta de labradores.)

Músicos   Que el clavel y la rosa
¿cuál era más hermosa?

Uno   El clavel, lindo en color,
y la rosa toda amor;
el jazmín de honesto, olor,
la azucena religiosa.

Músicos   ¿Cuál es la más hermosa?

Uno   La violeta enamorada,
la retama encaramada,
la madreselva mezclada,
la flor de lino celosa.

Músicos	¿Cuál es más hermosa? Que el clavel y la rosa, ¿cuál era más hermosa?
Pinardo	Mucho debe, gran señor, a vuestra casa esta quinta, pues por ella aquesta vez para honrarnos, la visita.
Duque	¡Oh, Pinardo! Ya que a vos de nuestra corte os retira, la quietud de aquestos campos, envidiando vuestra vida, pues no me veis, vengo a veros.
Leonisa	Rogerio, Firela mía, a pesar de resistencias, a mi amor añade dichas. Como te digo, es mi amante. ¿No ves el alma en su vista con más ojos que pestañas, porque sus penas me digan?
Firela	¡Qué no podrán los hechizos de tu gracia, Leonisa! Pues las llamas de tu amor has cebado en agua fría.
Duque	Si tenéis tales serranas, Pinardo, no es maravilla que olvidéis telas de corte por aldeanas palmilias. ¡Qué curiosas lavanderas!

Leonisa	A lo menos, señor, limpias, libres de los badulaques que allá a las damas empringan.
Rogerio (Aparte.)	(¡Ay, serrana de mis ojos! ¡Qué bien dices! ¡Qué bien pintas la diferencia que al arte hacen bellezas sencillas!)
Carlín	Lavan la ropa de casa, señor, Firela y Leonisa, y hay pastor que les da a vueltas el alma de las camisas. Pero hay mazo lavandero que desmenuza costillas y batana enamorados mis espaldas se lo digan.
Duque	¿Qué os parece, mi Clemencia, las lavanderas?
Clemencia	Que obligan a su alabanza los ojos y las almas a su envidia.
Carlín	¡Oh! pues si lavar las viera un menudo con sus tripas y henchir de sangre y cebolla un obispillo sin mitra, yo sé, por más que es duqueso, que, sin buscar gollorías, a la comida y la cena no pidiera sin morcillas.

Pinardo	Rústico, apártate allá.
Duque	Dejalde, por vida mía, que tiene donaire extraño.
Carlín	Principalmente esta niña, que ahorra de suerte el agua, que hizo un vientre el otro día sin gastar más de un caldero. ¡Mirad si es barata y limpia!
Duque	¿Este mancebo quién es?
Pinardo	Mi hijo, y en quien se cifra, gran señor mi sangre y casa.
Carlín	Perdiósele el otro día, señor, la escofieta al cura; que hay quien dice que tién tiña, y con Firela cenando, la halló dentro una morcilla.
Rogerio	Deme los pies, vuestra alteza.
Duque (Aparte.)	(¡Cielos! ¿No fuera injusticia a tal presencia negarle mi sucesión, siendo digna de la corona de Francia? Mi hijo es, y imagen misma de la prenda milagrosa que en el cielo estrellas pisa. Alzad. ¿Cómo es vuestro nombre?)
Rogerio	Gran señor, Rogerio.

Duque (Aparte.)	(Admita Bretaña por su señor tan heroica gallardía, que Enrique no lo ha de ser.)
Rogerio (Aparte.)	(Suspenso el Duque me mira.)
Duque (Aparte.)	(Pues no ha de heredarme en muerte quien piensa heredarme en vida.) Pinardo, ya que las canas lícitamente os jubilan de la asistencia en mi corte, Rogerio es bien que la siga. Conmigo quiero llevarle.
Rogerio	¡Ay, cielos!
Leonisa	¿Qué es esto, amiga? ¿Hoy amada y hoy ausente?
Firela	Quien bien ama tarde olvida.
Pinardo	Ha cumplido vuestra alteza en esa acción con distintas esperanzas y deseos. Lo primero con las mías, viendo que en Rogerio puede daros mi vejez prolija traslado de original, que mi fe y lealtad imita. Y con las suyas, señor, porque de suerte se inclina a serviros en la corte,

	que importuno cada día mi tibieza reprehende.
Rogerio (Aparte.)	(¡Ay, serrana de mi vida! ¡Ojalá que estas verdades no fueran por ti mentiras! Pretendí ser cortesano antes de verte. Ya vista, la corte será desierto que ausente de mí me aflija.)
Duque	Hoy, Rogerio, según esto, vuestra esperanza es cumplida. Trocáis por la corte, campos, y por palacios las quintas.
Rogerio	Honrándome vuestra alteza por tan clara mejoría, ¿qué interés es despreciar lo que en sí no tiene estima?

(El Duque y Pinardo a una parte; Clemencia y Enrique a otra; Leonisa con Rogerio también en otra parte, y un poco apartados de estos grupos Carlín y Firela.)

Duque	Escuchad, Pinardo, aparte,
Enrique	Creed de mí, hermosa prima que si no le persuado, y el duque viejo porfia he de perder a Bretaña.
Clemencia	Téngole amor de sobrina, y aunque le desdeño amante,

no será bien que permita
desacatos licenciosos.

Rogerio   No merecen mis desdichas,
dulce hechizo de mi alma,
duración en su alegría.
Hoy os amé y hoy me parto.
¡Amor y ausencia en un día!
¡Pena y gloria en un instante!
Si no acaban con la vida,
no son efectos de Amor.

Leonisa   Sin vos, Rogerio, la mía,
que ha tanto que sustentaba
su esperanza en vuestra vista,
peor lo habré de pasar;
que vos, en fin, cuya herida,
por nueva no es penetrante,
presto hallaréis medicina.
¿A qué desierto os partís
sino a la corte, en que habitan
entre hermosuras y engaños,
amorosas tiranías?
¡Pobre de quien sola queda!

Rogerio   ¿Borran años, prenda mía,
señales que en un instante
el rayo en bronce eterniza?
¿Pueden injurias del tiempo,
memorias de las ruinas
que a Troya han dado tragedias,
aniquilar, ni aun cenizas?
¿Pues por qué rayos de amor
no quieres que eternos vivan

en una voluntad bronce,
que victoriosa conquistas?
Inmóvil soy a mudanzas.

Leonisa   Que se cumpla y no se diga
                 es, Rogerio, lo que importa.

Rogerio   ¿Qué temes?

Leonisa   Circes que hechizan.

Rogerio   Ulises soy.

Leonisa   Todo engaños.

Rogerio   Tú me agravias.

Leonisa   Tú me olvidas.

Rogerio   ¡Yo! ¿Cómo?

Leonisa   Como te ausentas.

Rogerio   En ti me quedo.

Leonisa   ¿En mí misma?

Rogerio   Sí, mi bien.

Leonisa   ¡Ay, que eres hombre!

Rogerio   Hombre y firme.

Leonisa   ¿Quién lo afirma?

Rogerio	Quien te adora.
Leonisa	Jura.
Rogerio	Juro.
Carlín	¡Arre allá! que el duco os mira.
Duque	¿Que es tan sabio? ¿Que es tan diestro?
Pinardo	Es, gran señor, copia y cifra de tus hazañas y letras.
Enrique	No querrá el Amor que viva para dilatar mi gloria, y dar a tu edad florida el enero de sus años, que la tuya esterilizan.
Clemencia	Dele Dios, Enrique, al duque salud con tan larga vida, como en mí crecen deseos. de que en su amor no prosiga.
Leonisa	En fin, Rogerio, ¿os partís?
Rogerio	Luego que yo vi, Leonisa mi primero amor en agua, pronostiqué su ruina. ¡Qué fácilmente se enturbian sus esferas cristalinas! ¡Qué fácil desaparecen, dando a sus corrientes prisa!

Leonisa	No dista mucho la corte de estas soledades.
Rogerio	Dista lo que basta para estorbo de verte yo cada día.
Leonisa	Cazas hay que Amor inventa, garzas nuestros montes crían; Amor es todo ocasión si la ausencia no la entibia. Si vos la buscáis, Rogerio, yo haré también de las mías para iros a ver allá.
Rogerio	Cumple tú eso, Leonisa; volverás el alma a un muerto y veras que resucitan, las veces que a verme fueres, mis esperanzas marchitas.
Leonisa	Ya querréis otra.
Rogerio	¿Yo, a quién?
Leonisa	Hay allá damas que pisan plata en corcho coronados.
Rogerio	De su mudanza me avisan.
Leonisa	Arrastran telas.
Rogerio	¿Qué importa?

Leonisa	¿Pues qué estimáis vos?
Rogerio	Tu frisa.
Leonisa	¿Más que el brocado?
Rogerio	¿Pues no?
Leonisa	¿Por qué, si es tosca?
Rogerio	Es sencilla.
Leonisa	Traen cadenas.
Rogerio	Son prisiones.
Leonisa	Traen firmezas.
Rogerio	Son postizas.
Leonisa	Traen diamantes.
Rogerio	Son engaños.
Carlín	¡Arre allá! Que el duco os mira.
Duque	Casaréle con Clemencia si el Papa le legitima, y sucederá en mi estado.
Pinardo	Sola su hermosura es digna del esposo que la ofreces.

Rogerio	¿Permitirás que te escriba?
Leonisa	Si las cartas son la sal que conserva Amor, ¿quién quita que no escribáis por instantes?
Rogerio	¿Sabes leer?
Leonisa	La cartilla de tu amor, donde comienzo el ABC de mis dichas;
Rogerio	¿Y escribir sabrás?
Leonisa	También; pues siendo de Amor pupila, plumas serán pensamientos y lágrimas darán tinta.
Rogerio	¿De quién podremos fiarnos?
Leonisa	De Carlín, cuyas malicias son en toda aquesta sierra sin perjuicio y de risa.
Rogerio	En fin, ¿no me olvidarás?
Leonisa	Amor labrador no olvida.
Rogerio	¿Serás firme?
Leonisa	Seré bronce.
Carlín	¡Arre allá! Que el duco os mira.

Duque	Ya me parece que es hora que nos partamos, sobrina. Traigan, conde, los caballos.
Carlín	Boca abajo el zaguán pisan.
Duque	Venga conmigo Rogerio.
Pinardo	Gracias a Dios que cumplidas, hijo, ves tus esperanzas. Letras, armas, cortesía te he enseñado. Si con ellas, entre enredos y mentiras, te conservas, bien logradas serán las liciones mías. Hágate dichoso el cielo.
Rogerio	Adiós, señor. Mi Leonisa, esto es partir.
Carlín	Con dolores, porque es parto una partida.
Rogerio	No me olvides.
Leonisa	¿Cómo puedo?
Rogerio	¿Irásme a ver?
Leonisa	Cada día.
Rogerio	Adiós.

Leonisa	Adiós.
Rogerio	¡Ay, mi bien!
Carlín	¡Arre allá! Que el duco os mira.

Fin de la primera jornada

Jornada segunda

(Salen el Duque, Rogerio, Clemencia y otros.)

Duque   Ya estás legitimado,
y por sucesor mío declarado
en Bretaña, que estima
las partes con que el cielo te sublima.
Ya yo, cansado y viejo,
seguro de tus, letras y consejo,
en tus hombros alivio
el peso del gobierno que no envidio,
sino ociosos descansos
de cazas leves y de libros mansos,
porque en viejez lograda
me manda el tiempo jubilar la espada.
Clemencia es mi sobrina,
en hermosura y discreción divina,
del de Borgoña hermana,
de Orliens duquesa, que apacible y llana,
mientras Roma dispensa,
solo en amarte, como a dueño piensa,
juzgando a gloria inmensa el bien que gana.
Rogerio, ¿pues qué es esto?
¿Tú, triste agora, cuando manifiesto
secretos que ha tenido
el tiempo en las entrañas del olvido?
Cuando solo creías
heredar las groseras alquerías
que viste el sayal pardo,
hijo de un duque ya, no de Pinardo,
en posesión segura
del estado bretón, donde te jura
por señor la nobleza,

¿melancólico tú? ¿Tú con tristeza?
Pudiera hacerte agravio,
a no llamarte tus estudios sabio,
creyendo que echas menos
montes de riscos y de encinas llenos,
rústico por costumbre,
y que te da la corte pesadumbre,
el palacio tristeza,
y bárbaro disgusto esta belleza;
que aunque ilustre has nacido,
podrás, como entre montes has vivido,
de la costumbre hacer naturaleza.

Rogerio   Las razones que alegas
contra el tropel de mis pasiones ciegas,
a mi tristeza añaden
grados, señor, que más me persuaden
a la melancolía
que ocupa mi confusa fantasía.
Estaba yo contento
con un mediano estado, fundamento
de la alegre esperanza
que intenta malograr esta mudanza;
ni pobre jornalero,
ni privado en la corte lisonjero,
mas con la medianía
que Salomón, prudente, a Dios pedía;
porque ni la pobreza
deja volar ingenios, ni la alteza
que estriba en la abundancia,
se escapa de soberbia e ignorancia;
pues solo hallan remedio
estos extremos en el justo medio
que forman la bajeza y la arrogancia.

Era mi pasatiempo
los libros y las armas, contra el tiempo
que el ocio necio pierde.
Ya el agua, el viento, y ya el campo verde,
midiendo auroras frescas
con envidiosas cazas y con pescas;
y mientras estudiaba,
agradecido al cielo, me preciaba,
que a pesar de la herencia
en que en el mundo estriba la potencia
de necios opulentos,
que llamo sabios yo por testamentos;
yo con la industria mía,
lo que no a la Fortuna, le debía
a la Naturaleza,
ambicioso de fama y de grandeza
no heredada, adquirida
con noble ingenio y estudiosa vida,
que ilustra más la personal nobleza.
Agora, pues, que veo
frustrados mis estudios y deseo,
y que en fe de esta herencia
no hay entre mí y el necio diferencia,
pues Fortuna inconstante
con riquezas me iguala al ignorante,
¿no te parece justo
que cuando adquiero estado, pierda el gusto,
viendo, como soldado
en la paz el ingenio reformado?
A pocos poderosos
he oído celebrar por ingeniosos,
que en ellos, de honras llenos,
es el ingenio lo que vale menos.
Y así siento, ofendido,

tener en menos lo que más ha sido,
pues creerá quien me jura
que no es sabio quien tiene tal ventura;
y si es así ¿en qué precio
tendré este estado, en opinión de necio,
contra el ingenio que volar procura?

Duque   Toda melancolía
ingeniosa, es un ramo de manía,
y no hay sabio que un poco,
si a Platón damos fe, no toque en loco.
En ti lo verificas,
sintiéndolo del modo que lo explicas.
Felíz Platón llamaba
el reino donde el rey filosofaba.
¡Mira tú cuán opuesta
es la opinión que triste te molesta!
Probarás cuán suave
es el gobierno para aquél que sabe,
y en medio la experiencia,
la divina hermosura de Clemencia
será como instrumento
que divierta tu triste pensamiento.
Sus discursos reprime,
que suele hacer más mal el más sublime,
pues tal vez daña el mucho pensamiento.

(Vase el Duque.)

Clemencia   Si como yo os tengo amor,
ventura también tuviera
para alegraros, señor
contento Bretaña os viera
y a mi con gusto mayor.

Mas si para divertiros
os pueden ser de provecho
propósitos de serviros,
deseos de un firme pecho,
y de un alma fiel, suspiros,
    toda yo en vos empleada
os me ofrezco, dedicada
al templo de vuestra fe.
Vos sois mi Sol, yo seré
nube por vos ayudada.
    Si estáis triste, en la tristeza
se entretendrá el alma mía,
que ya a imitaros empieza;
si alegre, hará mi alegría
alarde de esa belleza.
    Seré, en fin, espejo fiel
que en todas las ocasiones,
sin colores ni pincel,
retrate hasta las acciones
vuestras, mirándoos en él.

Rogerio
    Perdóneme vuestra alteza,
que merece su belleza
un gusto más sazonado
que el mío, agora asaltado
de esta enfadosa tristeza.
    Para mejor ocasión
guardo el agradecimiento
que debo a tanta afición,
cuándo el amor y el contento
pongan el gusto en sazón.
    Y entretanto dé lugar
a que sin más compañía
que mi descortés pesar

ceda a la melancolía
el derecho del amar.

Clemencia   No tengo más gusto yo
(Aparte.)   que el vuestro. (Ahí mi amor llegó
de la esfera de mi cielo
la llama, que envuelta en yelo,
abrasándome me heló.
　　Esta sequedad adoro,
este entendimiento estimo,
de este mármol me enamoro,
y amando me desatino,
porque si sospecho, ignoro.
　　Discreto que tanto sabe,
triste sin más ocasión
de la que alega, no cabe
en buen discurso y razón.
Celos, falsead la llave
　　de su escondido secreto,
y aunque perdáis el respeto
al recato y al temor,
sabed si es la causa amor,
porque llore yo el efecto.
　　Mi sospecha temerosa
sacara a sus desvelos,
pues son, pasión amorosa,
inquisidores los celos
que no se les pierde cosa.)

(Vase Clemencia.)

Rogerio   Todo esto es, Leonisa mía,
con sofísticas razones,
buscar necias ocasiones

54

para mi melancolía.
Si yo no te viera el día
que perdí mi libertad,
fuera esta prosperidad
el colmo de mi contento.
Ya sin ti, será tormento
la más regia voluntad.
   Perdíte; ya no es posible,
en desiguales estados,
dar alivio a mis cuidados,
ni ver tu rostro apacible;
pues amar un imposible
será eterno padecer.
No amarte, no puede ser;
pues, amarte, y no esperar,
padecer, y no olvidar,
es morir y no poder.
   Si yo de Pinardo fuera
hijo, cual pensé, y te amara,
cuando a mi ser te igualara,
poco tu suerte subiera.
Soy duque. ¡Ay, Fortuna fiera!
Tormentos con honras das.
Ya yo sé que igualado has
midiendo amorosas leyes,
los pastores a los reyes;
mas yo soy sabio, que es mas.
   En cuanto rey, no era mucho
llevarme de mi pasión;
en cuanto sabio, es acción
en que mi deshonra escucho.
¡Con qué de contrarios lucho!
Amando, he de aborrecer;
príncipe, tengo poder;

sabio, ocasiono mi agravio,
y amante, príncipe y sabio,
queriendo, he de no querer.
   Pues dar alivio a mi amor
por medio menos que honesto,
ni aun pensarlo; porque he puesto
todo mi honor en tu honor.
Morir, Leonisa, es mejor.
Batalle en mi fantasía
esta contraria porfía,
mientras la vida haga pausa,
como se ignore la causa
de tanta melancolía.

(Sale Enrique.)

Enrique
   Que el duque me haya quitado
por vos, bastardo y espurio,
a Bretaña, no me injurio,
que mi nobleza me ha dado
   la sucesión suficiente
que mi sangre ha merecido;
legitime a un mal nacido
el Papa, estando yo ausente,
   que de su elección aguardo
el suceso que merece
la provincia que obedece
por duque suyo a un bastardo.
   Pero que con esta herencia
el duque a Clemencia os dé,
eso no, que os sacaré
el alma yo con Clemencia.
   Si fuérades sabio vos,
y por consiguiente, cuerdo,

56

entrárades en acuerdo,
y comparándoos los dos,
   vos y Clemencia, mi prima,
temiérades su nobleza,
porque en la naturaleza
el Papa no legitima;
   ni por más que os habilite
para el estado que os da,
posible al Papa será
que mancha de sangre os quite.
   Al aguja más limpia y clara,
como a otro cualquier licor,
se le pega el mal sabor
del vaso vil donde para;
   y aunque de reyes franceses
sangre el duque os haya dado,
el vaso en que habéis estado
por lo menos nueve meses,
   que os habrá pegado,
es llano, el bajo ser que tenéis,
pues sois duque, y no perdéis
los resabios de villano;
   que no es más que villanía
el soberbio pretender
a Clemencia por mujer
legítima, y sangre mía.
   ¿Conmigo competís vos,
sin honra, ser, ni consejo.

Rogerio   Conde, miráos a un espejo,
               y vengaréisme de vos.

(Vase Rogerio.)

Enrique   ¿Que yo a un espejo me mire,
y de mí le vengaré?
Extraña respuesta fue.
Causa me da que me admire.
  ¡Cuando le injurio y espero
que usando de su poder,
o ha de mandarme prender,
o vengar en mí su acero,
    sin airarse contra mí,
sin hacer de injurias caso,
sin descomponer el paso
se parte y me deja así.
    Suceso es digno —¡por Dios!—
de admiración y consejo.
«Conde, miráos a un espejo,
y vengaréisme de vos.»
    ¿Si quiso decir por esto
lo que Séneca, adivino
que la cólera y el vino
en un mismo grado ha puesto,
    cuya furia y frenesí,
si la razón no la aplaca,
al hombre más cuerdo saca,
para afrentarle, de sí?
    «Si el airado se mirase
—dijo Séneca—, a un cristal,
yo sé que viéndose tal,
de si mismo se afrentase.»
    Ya mi cólera se mira
a vuestro espejo, razón
y ya mi loca pasión
afrentada se retira.
    Justamente os llaman sabio,
pues por tal es bien se estime

quien sus pasiones reprime
y disimula su agravio.
    No haya más entre los dos,
que me diréis, si me quejo:
«Conde, miráos a un espejo,
y vengaréisme de vos.»

(Vase Enrique. Salen Clemencia y Carlín.)

Clemencia   Yo gusto de esto. Dejalde.

Carlín   ¿Pues por qué no habían de entrar?

Clemencia   Cuando yo salí a cazar
                       te conocí.

Carlín   Ni ell alcalde,
                           ni el cura, me quita a mí
                       que no entre, si se me antoja,
                       en la igreja.

Clemencia   ¿Quién te enoja?

Carlín   Un vicio, porque entro aquí.

Clemencia   Es aquése el guardadamas.

Carlín   ¡Válganos Dios! ¡que hay quien deba
                       guardar damas, y se atreva
                       a que no quemen las llamas!
                           Pues aun no puede un marido
                       guardar solo a su mujer,
                       ¿y habrá quien pueda tener
                       tanto pájaro en un nido?

59

Él tiene gentil tempero.

Clemencia	¿A qué has venido a palacio?

Carlín

En el campo hay más espacio
que acá. Mas diga, ¿es de vero
   que Rogerio es duco?

Clemencia

             Sí.
¿Vendrásle a pedir mercedes?

Carlín

Si viniere o no...

Clemencia

            Bien puedes,
que yo rogaré por ti.

Carlín

   Y qué, ¿el duco viejo es ya
su padre?

Clemencia

       Él le ha dado el ser.

Carlín

¿Y ella diz que es su mujer?

Clemencia

Mi esposo ha de ser.

Carlín

           ¡Verá!
  Hombre hué siempre de chapa;
desde mochacho lo tuvo.
Cura en nuso lugar hubo
que adivinó el verle papa.

Clemencia

     ¿Cómo?

Carlín

     Desde el primer día

que empezó de gorgear,
a todos los del lugar
taita y papa les decía;
y como no se le escapa
nada al cura al punto dijo:
«¿Papa sabéis decir, hijo?
pues yo espero veros papa.»

Clemencia   ¡Graciosa rusticidad!
Pues le vais, serrano, a ver,
procuradle entretener,
y su tristeza aliviad,
que después que es duque, vive
melancólico en extremo,
y al paso que le amo, temo
su salud.

Carlín   ¡Oh! si recibe
cierto envoltorio que aquí
le traigo, yo le aseguro
que ella vea cual le curo.

Clemencia   ¿Es regalo?

Carlín   Creo que sí.

Clemencia   Mostralde acá.

Carlín   Viene oculto.

Clemencia   ¿Es de Pinardo?

Carlín   No es de él.

Clemencia	¿Pues cuyo?
Carlín	Es cierto papel.
Clemencia	Regalo que no hace bulto, ¿qué será?
Carlín	¿No lo penetra?
Clemencia	Son unos polvos. ¿De qué?
Carlín	De carta, que si los ve, también podrá ver la letra.
Clemencia	¿Es billete?
Carlín	Sí por Dios.
Clemencia	¿Quién le escribe?
Carlín	No hay decirlo.
Clemencia	¿Por qué?
Carlín	Mándanme encubrirlo, principalmente de vos.
Clemencia	¡Ay, cielos! ¿Y es quien le avisa en él alguna serrana?
Carlín	Más fresca que la mañana.
Clemencia	Bueno; ¿y llámase?

Carlín	Leonisa.
Clemencia	Según eso, no me espanto, si es su amante, y no la ve, que triste Rogerio esté. ¿Quiérense mucho?
Carlín	Tanto cuanto.
Clemencia	¿Y cuál de aquellas dos era, que cuando a caza salí con Regerio hablando vi?
Carlín	Picando os va la celera. La que me ha dado esta carta, cuyo porte pagáis vos, es, señora, de las dos, barbinegra y cariharta.
Clemencia	¿Ésa es Leonisa?
Carlín	¿No bonda decir que sí? En muesa villa la llaman «la albondiguilla» por ser tan carirredonda.
Clemencia	¿Y a ésa quiere?
Carlín	Es bella moza
Clemencia	Mostrad el papel acá.
Carlín	Mas no nada.

Clemencia	Acabad ya, villano.
Carlín	¡Ay, que me retoza!
Clemencia	¿Vos sabéis aquestas tretas, rústico, zafio, villano?
Carlín	¡Aquí del rey, que la mano quiere meterme en las tetas!

(Sale Rogerio.)

Rogerio	¿Qué es aquesto?
Clemencia	La ocasión de vuestra melancolía, si de la desdicha mía presagios ciertos no son, Triste estáis; tenéis razón, que el mudar naturaleza, ¿a quién no causa tristeza? Y mas a vos, que trocado habéis un ilustre estado por esta vil rustiqueza. Será para vos destierro la corte que os recibe, porque donde el gusto vive, que vive la corte es cierto. Cambio os da el Amor, abierto en letras que os ha librado, cobrad, quedaréis pagado, si aceptáis de mejor gana una morada villana

que un generoso ducado.
    Y alegraos, que ya os avisa
de que en vuestra triste ausencia
no ha de malograr Clemencia
esperanzas de Leonisa.
Guardad para ella la risa,
y para mí los enojos
que si villanos despojos
el alma os tiranizaron,
yo, porque a vos os miraron,
sabré castigar mis ojos.

(Vase Clemencia.)

Rogerio   ¡Bárbaro! ¿que has hecho?

Carlín   ¿Yo?
                        no me sé. ¿Qué quiere que haga?
                        Aquésta será la paga
                        del parabién que le dó.

Rogerio   ¿Envióte acá Leonisa?

Carlín   ¿Pues quién me había de enviar?

Rogerio   ¿Y escribe?

Carlín   Todo un plenar,
                        por más que la daba prisa.

Rogerio   Y le habrás dicho a Clemencia
                        todo cuanto en mi amor pasa.

Carlín   Pues si con ella se casa,

¿no era encubrirlo conciencia.

Rogerio   ¿Hay disparate mayor?

Carlín   El marido y la mujer,
                 ¿una carne no han de ser
                 y un alma? El sermonador
                 mos lo dijo el otro día.

Rogerio   ¿Qué querrás decir por eso?

Carlín   Pues si es su carne y su hueso,
                 el papel que a él le traía,
                    y yo le negué importuno,
                 cuando a su mujer le diera,
                 ¿qué importa que le leyera?

Rogerio   ¡Hay tal necio!

Carlín   ¿No es todo uno?

Rogerio   ¿Dístesele al fin?

Carlín   ¡Mal año!

Rogerio   ¿Qué es dél?

Carlín   Aquí está metido.

Rogerio   Discreto tercero has sido.

Carlín   No hay ya discretos hogaño.

Rogerio   Muestra acá.

Carlín	¡Qué mala cuca la duca debe de ser!
Rogerio	¡Ay, mi bien!
Carlín	Un Lucifer es si enoja la duca.

(Lee Rogerio la carta.)

«Del pláceme que os envío
volvedme el pésame a mí,
pues lo que siempre temí
llora ya mi desvarío.
Duque sois, y no sois mío.
Gocéis en gusto mayor
mejoras de vuestro amor,
que si en esta triste ausencia
fuere allá todo clemencia
todo acá sera rigor.
Entre celosas mudanzas
mis deseos faetones,
envidiando posesiones
sepulturán esperanzas.
Dad, sin injuriar, venganzas
a quien me ha de suceder;
que yo que os supe querer,
y nunca sabré olvidar,
siempre, duque, os sabré amar
si no os supe merecer.»

Rogerio	¡Ay, imposible querido! Tus parabienes son tales,

que mas serán para males
del bien que sin ti he perdido.
   Quejas, Leonisa, me das,
cuando en tus valles amenos
quisiera yo valer menos
que aquí, por gozarte más.
   Sin ti ¿que vale la corte,
si lo es por ti el monte? En fin
perdonándote, Carlin,
te vengo a pagar el porte
   de este papel. Ven acá;
¿llora por mi mi Leonisa?

Carlín   Todo es llanto, si era risa,
suspiros de a legua da.

Rogerio   ¿Tanto llora?

Carlín   Ojos y cholla
tién, que es verla compasión,
y más si hace salpicón
y es picante la cebolla,
   no embargante que haya quien
ocupando el lugar vueso,
ande por ella sin seso
y la quillotre también.

Rogerio   Será algún pastor

Carlín   ¡Mal año!
Es caballero, que hereda
dos castillos, cruje seda,
y guarnece de oro el paño.

68

Rogerio	¿Quién es?
Carlín	Filipo, el señor de Castel y Fuen-Molino.
Rogerio	¿Filipo, nuestro vecino?
Carlín	Ése la tién tal amor, que a dó quiera que la ve la pestilencia le toma. No hay desde París a Roma quien tales musquinas dé. Anoche cantó a su puerta con otros dos una trova, y por Dios que no era boba; pero no estaba despierta la moza, y quedóse en seco.
Rogerio	¿Y qué dice a eso Leonisa?
Carlín	Aunque hace de su amor risa —perdóneme Dios si peco— que ella es hembra, y él es tal, que temo ha de derriballa a la postre.
Rogerio	Torpe, calla.
Carlín	Hurtáronmos del corral el gallo el lunes pasado no sé cual de las vecinas, y viudas las gallinas no atravesaban bocado. Llevélas otro mejor,

69

y él todo plumas y gala,
ya quillotrando él una ala
hasta el suelo alrededor,
    ya escarbando, apenas toca
el muladar con la mano,
cuando por darlas el grano
se le quita de la boca.
    Ellas con los gustos nuevos,
menospreciando el ausente,
que dó no hay gallo presente
diz que no se ponen güevos,
    darán a Leonisa olvido,
y hará en la memoria callos,
que de galanes y gallos,
uno ido, otro venido.
    Mas no sé quien entra acá.

Rogerio	Espérame afuera un rato, mientras que responder trato a Leonisa.
Carlín	¿Escribirá?
Rogerio	¿Pues no?
Carlín	Acabe, que es tarde. Al puebro, par Dios, me acojo, que me miró de mal ojo la duca, y el diabro aguarde.

(Vase Carlín. Sale Enrique.)

Enrique	Primo sabio, en el espejo me he visto de la razón,

        donde para confusión
de mí mismo, faltas dejo.
Vuestro prudente consejo
a pedir perdón me obliga,
y a que respetándoos diga,
que no hay más cuerda venganza
que aquella que con templanza
aconsejando castiga.
        Pues sois sabio, perdonad
mi necia descompostura.

Rogerio   Conde, amor todo es locura,
ciega es toda voluntad.
Yo estimo vuestra amistad
sin haceros competencia.
Remitildo a la paciencia,
y tendréis presto noticia
que hay para todos justicia,
pero para vos clemencia.

(Vase Rogerio.)

Enrique   ¿Para mí Clemencia? Enigma
es, que mi ventura entabla.
Rogerio es sabio y no habla
sino sentencias de estima.
Esta esperanza me anima.
Haced mi duda, obediencia,
amor, y tened paciencia,
pues Rogerio os da noticia
que hay para todos justicia,
pero para mí clemencia.

(Vase Enrique. Salen Pinardo y Filipo, caballero; los dos en traje de campo.)

Pinardo	Es Leonisa una hermosa labradora,
	Filipo, que si bien se considera,
	es en belleza y discreción señora,
	aunque la humilla calidad grosera.
	Su padre, mozo entonces, viejo ahora,
	en los principios de su edad primera,
	extranjero la trujo a esta montaña
	para ilustrar sayales, de Bretaña.
	Rentero ha sido mío muchos años,
	y aunque pobre, os afirmo que parece
	que desmintiendo su prudencia engaños,
	algún valor oculto le ennoblece.
	Vaivenes causa la Fortuna extraños;
	mas sea humilde o noble, ella merece
	ser excepción entre esta rustiqueza
	de tosca sangre y de común belleza.
	No porque vos la améis, pierde conmigo
	la elección que habéis hecho en su hermosura.
Filipo	Si tal abono en mi favor consigo,
	¿por qué recela estorbos mi ventura?
	Estoy sin padres, y, aunque noble, sigo
	la inclinación, Pinardo, que procura
	de mi oro noble y de su lana escasa
	telas tejer con que adornar mi casa.
	Desdéñame Leonisa; no me espanto,
	que no creerá promesas generosas
	en donde amor promete tanto
	y paga al cabo en ditas mentirosas.
	Si vos la persuadís que al yugo santo
	conmigo ate coyundas amorosas,
	pues siempre os tuvo obedencial respeto,
	la vida os deberé.

72

Pinardo	Yo os lo prometo.

(Sale Firela con unos corales en la mano.)

Firela	Cuando los corales pierde
	Leonisa, perdida está;
	pero quien perdido ha
	su esperanza, un tiempo verde,
	y ya marchita, ¿qué mucho
	que de cuentas no haga cuenta?
	Amor, suspensión violenta,
	¡qué de males de ti escucho!
Pinardo	¿Qué hay, Firela, por acá?
Firela	Perdió en la fuente Leonisa,
	lágrimas dando a su risa,
	estos corales. Si está
	en casa, mande, señor,
	que los salga a recibir.
Filipo	¿Suyos son?
Firela	Y ha de sentir.
	pena el perderlos.
Filipo	Mejor
	será, dándoos el hallazgo,
	que me los deis a mí.
Firela	¿A fe?
Filipo	Y en cabeza los pondré

de mi noble mayorazgo.

Firela   ¿Para qué quiere él corales?

Filipo   Para aliviar mi pasión,
que en el mal de corazón
me afirman que son cordiales.

Firela   Desear bienes ajenos
es pecado.

Filipo   Restituye
en ellos quien me destruye
cuando no lo más, lo menos.
Tomad vos esta sortija.

Firela   ¿Puedo yo ser liberal
de hacienda agena?

Filipo   Mi mal
me manda que los elija.

Firela   Si lo sabe, ¿qué dirá?

Filipo   Dadle vos esta cadena
por ellos.

Firela   Enhorabuena;
mas no la recibirá,
ni habrá quien dársela ose.

(Dale Firela los corales a Filipo y toma de él la cadena y sortija.)

Pinardo   Soy yo su casamentero,

74

	y darla a Filipo quiero.
Firela	Como ella acepte, acabóse.
Pinardo	Vos habéis de interceder; que, en fin, más podremos dos.
Firela	Como se lo mandéis vos, ¿qué hay que dudar ni temer?
Pinardo (Aparte.)	Decís bien, que es mi vasalla. (Bien Rogerio la ha querido; si es Filipo su marido, y él sabio, vendrá a olvidalla.) Vamos.
Filipo	Convertíos en risa, lágrimas de amor leales den esperanza a mis males y corales de Leonisa.

(Vanse Filipo y Pinardo. Sale Leonisa.)

Leonisa	Anticipóse el invierno, valles, si hasta aquí floridos, ya secos, mi bien ausente, ajeno sí, que no mío, ya no esperéis coronar de verbenas y de lirios las márgenes de sus fuentes, los límites de estos ríos. Sin Rogerio todo es falta.
Firela	Leonisa, de los suspiros

que das, si no son de amor,
lo que buscas adivino.
Si lloras por tus corales,
halládolos ha un perdido,
que tu has ganado en perderlos.

Leonisa   Todo lo que causa olvido
lo pierdo yo, mi Firela.
Más ¿quién los tiene?

Firela   Filipo.

Leonisa   ¿Quién se los dio?

Firela   Su ventura.

Leonisa   ¡Qué mal dueño han escogido!
Cóbramelos mi serrana,
así poblando tus hijos
todos estos despoblados,
cortes vuelvan sus cortijos.

Firela   Levántasete con ellos
y alega en tu perjuicio
que le tienes acá el alma,
y así, que le es permitido
cobrar de donde pudiere;
fuera de que, como es rico,
lo que te usurpa en corales,
en oro pagarte quiso.
Esta cadena me dio
para ti.

Leonisa   ¿Qué desvaríos,

Firela, te descomponen
o la lealtad, o el juicio?
¿Tú eres mi amiga?

Firela   Por serlo
esposo te solicito
igual, ya que no a tu estado,
a tu pensamiento altivo.

Leonisa   ¿Pues en quién puede emplearse
si subir ha merecido
hasta adorar a Rogerio,
que ya no caiga abatido?

Firela   Rogerio es duque.

Leonisa   ¿Qué importa?

Firela   Cásanle.

Leonisa   Puesto que envidio
venturas de mi contraria,
no por eso desconfío.
Mi amor es solo potencia
del alma, que no apetito;
y el amor por solo amar,
es perfección, si es martirio.
Que se case o no Rogerio,
ni con Clemencia compito,
ni se amortiguan las llamas
de mi amor perfecto y limpio.
Tú eres apasionada;
cohechos has recibido;
para amiga no eres buena;

ni sé si hasta aquí lo has sido.
Quédate a Dios con tu oro,
cómplice de tus delitos,
que según hace traiciones,
no es mucho que ande amarillo

Firela

Oye, espera, vuelve acá;
que es Rogerio, y no es Filipo,
quien con prisiones doradas
encadena tus sentidos.

Leonisa

¿Qué dices?

Firela

Que en tu amistad
la poca firmeza he visto,
con que a la prueba primera,
en vez de bronce, eres vidrio.
¿Así obligaciones rompes?

Leonisa

Nunca el verdadero amigo,
en riesgo de su lealtad,
usa de ardides fingidos.
Mas ¿vienes tú de la corte?
¿has hallado al dueño mío?
¿dióte para mí esa prenda?
¿qué ha pasado? ¿qué te ha dicho?

Firela

¿Tan andariega me hallaste?
Si con Carlín le has escrito,
y ha vuelto con la respuesta,
¿qué preguntas?

Leonisa

¿Carlín vino?

(Sale Carlín.)

Carlín   ¿Quién hurta a Carlín el nombre?

Leonisa   ¡Oh, leal y fiel ministro
           de mi amor! dame esos brazos.

Carlín   Estése queda. ¡Oh, qué lindo!
           Por Dios, que piense Firela
           que se los pongo. ¡Bonito
           soy yo para dar celera!

Leonisa   En fin, ¿Rogerio no ha sido
           hombre en mudarse? En fin, ¿es
           de la firmeza prodigio?
           En fin, ¿no sabe olvidar?

Carlín   ¿Pues quién diabros se lo dijo?
           ¿Ha habido berros y artesa?

Leonisa   En esta cadena estimo,
           no el oro, que es lo de menos,
           el dueño sí, que ha tenido.
           Al dártela para mi,
           despidióte enternecido?
           ¿Encargóte mi constancia?
           ¿Comparó a su metal fino
           los quilates de mi fe?
           ¿Qué dices?

Carlín   ¿Habla conmigo?

Leonisa   Dirás que te pague el porte.
           Escoje el mejor cabrito

de mi manada.

Carlín   ¿Por qué?

Firela   Carlín, todo lo que finjo
aquí me importa que otorgues,
o de mi amor te despido.

Carlín   ¿Hay son callar y otorgar?

Leonisa   ¿Qué dices?

Carlín   Lo que yo digo
es, que en cuanto a la cadena,
a Firela me remito.

Leonisa   ¿Cómo es ello?

Carlín   ¿Qué sé yo?

Firela   Éste es un asno. Hame dicho
cuanto con él ha pasado.
Como viene de camino
cansado, y yo lo sé ¿quieres
que te lo cuente?

Carlín   Eso pido.

Leonisa   ¿No me responde el papel?

Carlín   Así leyó el vueso y vino
la duca, que es una suegra,
y el duco, de quien es hijo,
tuvo celera la duca;

80

hubo llanto y suspirito;
temí alguna empalizada;
mandóme el duque novicio
que aguardase el responsorio,
y yo entonces, adivino
de cualque paloteado,
acogíme de improviso,
y véngome sin la carta.
Ya la debe haber escrito.

Leonisa   Pues cuándo te pudo dar
la cadena que recibo,
si hubo luego tanto estorbo?

Carlín   A Firela me remito.

Firela   ¿Hay bárbaro semejante?
Mentecato, ¿no me has dicho
que en viendo el duque el papel,
amante y tierno te dijo
que en fe del constante amor,
con que a pesar del olvido,
ausente a Leonisa tiene,
este oro hacía testigo
de su invencible firmeza,
y que, como su cautivo,
lo que enviarle podía
eran prisiones?

Carlín   Sí, dijo.

Leonisa   ¿Entrarían todos luego,
y con ellos divertido
te mandó que le esperases?

Carlín	A Firela me remito.
Leonisa	En fin, ¿se acuerda de mí?
Carlín	Como la olla del tocino; como el rocín de la yegua, y como la sed del vino. Mas yo vengo tan cansado de la corte y del camino, que si hay más que pescudar, a Firela me remito.

(Vase Carlín.)

Leonisa	¿Ves ahora cuán constante es Rogerio, y que el olvido no tiene jurisdicción en él?
Firela	Tu ventura he visto de que te doy parabienes.
Leonisa	¡Qué contenta los recibo!
Firela	Déte amor fines tan buenos como gozas los principios.

(Vase Firela y Leonisa se echa al cuello la cadena.)

Leonisa	¡Ay, bienvenida cadena! Mal te pago, pues te envidio al cuello donde has estado, de amorosos brazos digno.

Tú adornarás desde agora
el pecho que te dedico.
Mi gala eterna ha de ser
las fiestas y los domingos.

(Sale Filipo, con los corales al cuello, revueltos en una banda.)

Filipo (Aparte.)   (¡Que busque yo intercesores
                          para que mi esposa sea
                          una pastora, y se vea
                          mi esperanza entre temores;
                               mas —¡ay, cielos!— aquí está,
                          y con mi cadena al cuello.
                          Alma, si podréis creello;
                          viento en popa amor os da.
                               ¡Oh, solícita Firela!)

Leonisa (Aparte.)   (Si vuestros quilates toca
                          mi fe, que os bese mi boca,
                          cuando el alma se desvela
                               por el dueño que os envía,
                          no hago a mi honor agravios.)

Filipo (Aparte.)   (¿En mi cadena los labios?
                          ¿Qué esperáis ventura mía?
                               Seguro puedo llegar,
                          pues de mi parte está Amor.)
                          Si ausente hacéis tal favor
                          a quien le viene a adorar,
                               y ya le tenéis presente,
                          no ocasionéis mis desvelos,
                          que tengo de ese oro celos,
                          pues en mi agravio consiente
                               labios de inmenso tesoro,

dignos que amor los asalte,
pues vale más ese esmalte
que los quilates de ese oro;
   que aunque ya son celestiales,
pues tal ciclo los tocó,
más justo es que bese yo
por vuestros estos corales.

Leonisa   ¡Ay, mis corales perdidos!
                           Agora sí que lo estáis.

Filipo   Hallélos yo, y vos halláis
                           más perdidos mis sentidos.
                              Al Amor, Leonisa mía
                           le rogaba yo me diese
                           retrato vuestro, que fuese
                           apoyo de mi alegría.
                              Mas como excedéis al arte,
                           favorecióme de modo,
                           que no atreviéndose en todo
                           vino a copiaros en parte;
                              y dando alivio a mis males,
                           me dijo: «Suspende agravios,
                           pues el coral de sus labios
                           retratan esos corales».
                              Hallélos en ocasión,
                           y en fe de lo que intereso,
                           lo que significan beso,
(Bésalos.)   no, Leonisa, lo que son.
                              Mas si vos besáis también,
                           por ser mía, esta cadena,
                           ¿qué más dicha?

Leonisa   ¿Qué más pena

que la que mis ojos ven?
¿Esta cadena era vuestra?

Filipo   Y vuestros estos corales.

Leonisa (Aparte.)   (Firela, con desleales
industrias su pecho muestra.)
¡Fiad de amistad dorada!
Filipo, engañada he sido;
que destroquemos os pido
prendas que han de hacer culpada
la opinión de mi decoro,
pues dan sospechas iguales
caballeros con corales
y labradores con oro.
Lo que es vuestro os restituyo.
Haced otro tanto vos.

(Quítase la cadena y ase los corales. Sale Rogerio.)

Rogerio   Amor, en fe de que es Dios,
en mí muestra el poder suyo.
Con color que salgo a caza
mi Leonisa vengo a ver.

Leonisa   Los favores han de ser
voluntarios, no de traza;
que causen pena a su dueño.
Soltad.

Filipo   ¡Leonisa!

Rogerio   ¡Ay de mí!
¿Filipo y Leonisa aquí?

Bien se quieren, o yo sueño.

Leonisa   ¡Rogerio!

Filipo   ¡Señor!

Rogerio   Extrañas
suertes halla un cazador.

Leonisa (Aparte.)   (¿Qué habéis hecho, ciego Amor?)

Rogerio (Aparte.)   (¡Ocasionadas montañas!)
    Bien os están los corales,
y el oro os está a vos bien.
¡Qué de cosas nuevas ven
cada día los mortales!

Filipo   ¿Qué diré, que estoy confuso?

Rogerio   ¿Queréis que se use el coral
entre gente principal?
No me parece mal uso,
    que habiendo hombres con gorgueras,
guedejas, faldas, anillos,
y ojalá no con zarcillos,
si ya no son orejeras,
    para que queden iguales
con la dama más curiosa,
no faltaba ya otra cosa
que chapines y corales.
    Quitáoslos, que no debéis
dar gusto a quien os los puso.

Filipo   Gran señor...

Rogerio	Vestíos al uso, pero no los inventéis.

(Sale Carlín.)

Carlín	Estos ducos no mos dejan. ¿Acá también estáis vos?
Rogerio	¿Qué dices?
Carlín	Que esotros dos nuesos ganados aquejan. El viejo y la duca nuera helos aquí donde están.
Rogerio	A aumentar mi mal vendrán.
Leonisa	Perdida soy.
Carlín	Plaza, afuera.

(Salen el Duque, Pinardo, Clemencia y Firela.)

Pinardo	No aguardaba yo, señores, tan impensada ventura.
Duque	La ociosidad apresura, Pinardo, a los cazadores. Rogerio, ¿sin darnos cuenta, os salís a caza así?
Rogerio	Criéme, señor, aquí, y así mi tristeza intenta

buscar en mi natural
alivios que allá no tengo.
¡Gran señora!

Clemencia   Por vos vengo
a cazar también.

Rogerio   Mi mal
me obliga a divertimientos
del campo.

Clemencia   Tenéis razón,
y más en esta prisión,
cifra de vuestros contentos.

Rogerio   Pinardo, también os cabe
parte a vos de mi venida.

Pinardo   Los pies os beso.

Rogerio   ¡Qué vida
pasé aquí, quieta y suave!

Pinardo   Diviértase y no imagine
vuestra alteza, gran señor,
en eso.

Rogerio   Aun estoy peor
después, Pinardo, que vine.

Pinardo   ¿De qué procede este mal
tan lastimero?

Rogerio   Yo creo

que es, conforme a lo que veo,
ramo de gota coral.

(Habla Leonisa aparte a Firela y Carlín.)

Leonisa (Aparte.)   (Por mis corales lo dice.)
¡Ay, Firela! ¡qué de daños
han causado tus engaños!

Firela   Pues yo por tu bien lo hice.

Leonisa   Tú también, villano, fuiste.
.... [-ena.]

Carlín   ¿Pues yo, por qué?

Leonisa   La cadena
que ser del duque fingiste
hace cierto tu delito.
Si es Filipo, su señor,
¿porqué burlaste mi amor?

Carlín   A Firela me remito.

Clemencia   Envidia tengo, serrana,
al donaire que tenéis.
Tras vos la corte os traéis,
dícenme que en viéndoos sana
cualquier tristeza que os mira.

Leonisa   Pues vos triste me miráis,
y viéndome, no sanáis;
creed, señora, que es mentira.

Rogerio

Yo imaginé divertirme
por estos montes agora,
pero mi mal empeora,
todo ha dado en afligirme.
    Volvámonos, si es servido
vuestra alteza, gran señor,
que como está en lo interior,
mi mal disparate ha sido.
    .... [era.]

Clemencia

No los halléis vos aquí,
duque, y hallaréis en mí
medicina y enfermera.
    Démosle, gran señor, gusto,
aunque la caza perdamos.

Duque

Pues que vos le tenéis, vamos.

Rogerio

Filipo, no fuera justo,
    habiendo sido los dos
amigos y comarcanos,
dejaros entre villanos
sin acordarme de vos.
    Sed mi secretario.

Filipo

                    Beso
a vuestra alteza los pies.

Rogerio

Seguidme, Filipo, pues.

Filipo (Aparte.)

(¿Hay más infeliz suceso?)

Rogerio

    Que miro muchos respetos
en vos de satisfacción,

secretario, y más si son
parientes nuestros secretos.

Carlín   ¿Tengo de ir por el cabrito
que en albricias me mandó?

Leonisa   Traidor, tú me has muerto.

Carlín   ¿Yo?
A Firela me remito.

Fin de la segunda jornada

Jornada tercera

(Sale Rogerio.)

Rogerio   Estaba melancólico yo, cielos,
                   por ver que un imposible apetecía,
                   ¿qué haréis agora, pues, desdicha mía,
                   si sobre un imposible os cargan celos?
                   Corales dan al corazón consuelos,
                   y en mí corales son melancolía.
                   Vuélvase a un desdichado en noche el día;
                   lo que a otros da quietud, a mí desvelos.
                   Sabio dicen que soy, mas si lo fuera,
                   tuviera en mis pasiones sufrimiento;
                   pero ¿quién le tendrá con tanto agravio?
                   Siempre el entendimiento fue su esfera,
                   y contra injurias del entendimiento
                   jamás supo tener prudencia el sabio.

(Sale Filipo.)

Filipo   En cumplimiento, señor,
                   del secreto que me encarga
                   en estas informaciones
                   vuestra alteza, esta mañana
                   hice esta breve minuta.

Rogerio   Pretendo saber las faltas
                   que tienen los pretendientes
                   de mi corte y de mi casa;
                   que aunque es bien premiar servicios,
                   no será razón se haga
                   menos que con suficiencia
                   de las partes.

Filipo	La ignorancia,
	señor, y poca noticia
	de algunos príncipes causa
	que sin méritos se den
	injustamente las plazas.
	Yo me he informado de todas
	con el secreto que basta
	para que nadie las sepa.
Rogerio (Aparte.)	Decid. (¡Ay, celosas ansias!)
Filipo	Federico, hijo de Alberto,
	que a los duques de Bretaña
	sirvió en la paz y en la guerra
	con consejos y con armas,
	quedó rico, mas gastando
	su hacienda en juegos y en damas,
	dicen que es en la pobreza
	del pródigo semejanza.
	Mas no enmendado con esto,
	fuerzas de flaqueza saca.
	Sirve y ronda.
Rogerio	¿Es gentilhombre?
Filipo	Tiene las piernas delgadas.
Rogerio	Si lo están como su hacienda,
	lástima es.
Filipo	Suple esta falta
	con la industria.

Rogerio	¿Cómo así?
Filipo	Trae pantorrillas de plata.
Rogerio	¿Pues qué mucho que haga piernas? No era bueno para estatua de Nabucodonosor si en tan ricas piernas anda. Proseguid.
Filipo	Vino Conrado, cubierto anteayer de canas, a darme este memorial, y hoy por ver si se despacha, como un mozo de veinte años, teñida cabeza y barba.
Rogerio	¿Y que pide?
Filipo	La tenencia de un castillo.
Rogerio	Quien no guarda lealtad a sus años mismos, mal la guardará a su patria. Decid más.

(Sale Ricardo.)

Ricardo	Licencia piden muchos, gran señor, que aguardan remedio de vuestra alteza, que como vuela la fama de su mansedumbre y letras,

95

y da a todos puerta franca
para que le comuniquen
pasiones del cuerpo y alma,
no hay quien no venga a gozar
tal dicha.

Rogerio   Dadlos entrada.
Divertiréme con ellos,
y aliviaré sus desgracias.

(Vase Ricardo. Salen varios pretendientes con memoriales.)

Pretendiente I   A vuestra alteza suplico
mire mi necesidad,
servicios y calidad.

Rogerio   ¿Estáis pobre, Federico?

Pretendiente I   Si es vuestra alteza mi dueño,
los ricos me envidiarán.

Rogerio   Pobre estáis, pero galán;
galán, pero pedigüeño.

Pretendiente I   Si no tengo que comer,
no haga de esto maravillas.

Rogerio   Coméos hoy las pantorrillas,
y después volvedme a ver.

Pretendiente I
(Aparte.)   (¡Vive el cielo que ha sabido
que me las pongo de plata!
Sabio que de todo trata,

temerle. Yo voy corrido.)

(Vase el Pretendiente I.)

Rogerio   ¿Qué pedís vos?

Pretendiente II   Consultado
                    estoy en una alcaidía.
                    La nobleza y sangre mía
                    me tienen acreditado.
                        Mis hazañas ya son llanas.

Rogerio   Conrado, mozo venís;
                    no os daré lo que pedís
                    hasta que peinéis más canas.

Pretendiente II
(Aparte.)   (¿Si sabe que me las tiño?
                    Voime, que no es buen consejo
                    pretender cargos de viejo
                    quien quiere parecer niño.)

(Vase el Pretendiente II.)

Rogerio   ¿Qué pedís vos?

Pretendiente III   A firmar,
                    señor, vengo este decreto.

Rogerio   ¿De qué?

Pretendiente III   El consejo discreto
                    los coches manda quitar.

Rogerio	¿Por qué?

Pretendiente III	No se vio jamás
	tal desorden días ni noches.
	Menos casas hay que coches.

Rogerio	No los quiten, que habrá más.

(Vase el Pretendiente III.)

Pretendiente IV	Aconsejarme, señor,
	con vuestra alteza querría
	por ser su sabiduría
	al paso de su valor.
	Yo tengo una mujer moza
	y tan señora de si,
	que no hace caso de mí;
	toda mi hacienda destroza.
	Mas lo peor que hay en esto
	es que de celos me abrasa;
	no quepo con ella en casa,
	y en tal extremo me ha puesto,
	que el amor que había en los dos
	es ya un infierno abreviado.

Rogerio	Lastímame vuestro estado;
	mas ¿pedísla celos vos?

Pretendiente IV	No puedo disimularlos.

Rogerio	Pues mudo habéis de advertirlos,
	porque lo mismo es pedirlos,
	que dar licencia de darlos.

Pretendiente IV	Celos son que me atormentan.
Rogerio	Hay dos, y entrambos tan fieros, que afligen si son solteros, y si casados afrentan.
Pretendiente IV	No hay gala que no quisiera.
Rogerio	Pues dádsela si podéis, y con esto excusaréis el admitir las de fuera.

(Vase el Pretendiente IV.)

Pretendiente V	Señor, yo me vuelvo loco adorando una doncella para casarme con ella, mas corréspóndeme poco.
Rogerio	¿Regaláisla?
Pretendiente V	Doyla versos infinitos en quintillas, décimas y redondillas y otros géneros diversos que no digo, por ser tantos. Seis cantos de octava rima la di ayer.
Rogerio	Pondránla grima, que descalaban los cantos. ¿Son vuestros?
Pretendiente V	No, gran señor,

que tengo un poeta amigo.

Rogerio
Y será justo castigo
que ése usurpe vuestro amor.
  Cualquier género de penas
es razón hacer pasar
a quien piensa enamorar
mujer con gracias ajenas.
  ¿Queréisla mucho?

Pretendiente V
          La adoro.

Rogerio
Pues dejad los madrigales,
y dadle canciones reales
y redondillas en oro.

(Váse el Pretendiente V.)

Pretendiente VI
Un amigo pierde el seso
por casar con cierta dama,
que ella excusa, por la fama
que le han dado de confeso.

Rogerio
     ¿Gasta?

Pretendiente VI
      Hale dado en sacar
el alma.

Rogerio
       Pues bien se emplea,
que él del tribu de Dan sea,
cuando ella es del de Isacar.

Pretendiente VI
Hale quitado infinito,
y déjale porque está

ya tan rica.

Rogerio   Sí estará,
si es suyo el reino de Quito.

(Vase el Pretendiente sexto. Salen Filipo y el Duque.)

Filipo   A ver entra a vuestra alteza
el gran duque.

Rogerio   Dejad, pues,
consultas para después

Duque   Hijo, de vuestra tristeza
    participa vuestra prima;
enferma por vos está;
visitadla, y sanará,
pues veis en lo que os estima.

Rogerio   ¿Clemencia está enferma

Duque   Y siente
vuestro amor tibio y remiso.
Desde el punto que os vio, os quiso;
si sois sabio y obediente,
    agradeced como sabio;
como obediente dejad
la vuestra en mi voluntad,
que os hacéis a vos agravio.
    La dispensación espero
de hoy a mañana.

Rogerio (Aparte.)   (¡Ay, Amor!
Dispensad vos, que es mayor

vuestro dominio.)

Duque   Yo espero
que restaure su alegría
y salud vuestra presencia.
Sangrarse quiere Clemencia.
Envïadla la sangría.

(Vase el Duque.)

Rogerio   Filipo, la juventud
también es enfermedad.
Disposiciones curad,
sangraréisos en salud.
     Corales que adornan cuellos,
no generosos, villanos,
afrentan los cortesanos.
Sangre muestran, sangráos de ellos.

Filipo   Señor, la que los perdió
gusta.

Rogerio   Yo soy vuestro amigo;
que os sangréis de ellos os digo;
no aguardéis que os sangre yo.

Filipo (Aparte.)   (Mucho encierra este misterio.)

Rogerio   Escribir quiero a Clemencia;
traedme con qué.

Filipo (Aparte.)   (La ciencia
astróloga de Rogerio
todo lo alcanza. ¿Si sabe

102

que quiero a Leonisa bien?
¿si la tiene amor también?)

Rogerio   ¿No vais?

Filipo (Aparte.)   (¿Si del cargo grave
que ejercito, desiguales
juzga serranos amores?)

Rogerio   Acabad.

Filipo (Aparte.)   (¿Quién vio, temores,
sangrar de mal de corales?)

(Va Filipo por recado de escribir.)

Rogerio   Por mas que callar procuro,
habla mi desasosiego;
que en fin, donde amor es fuego,
brotan celos, que son humo.

(Sale Filipo con el recado de escribir.)

Filipo   Aquí está la escribanía.

Rogerio   Escribiré este papel,
y llevaréisle con él
a mi prima la sangría.

(Pónese a escribir.)

Filipo (Aparte.)   (¡Que de este hombre tiemble yo!
Pero es duque y es discreto;
sangrarme manda, en efeto,

porque los corales vio,
  Yo estoy por Leonisa ciego,
y si me sangra, verá
que en vez de sangre, saldrá
de todas mis venas fuego.)

Rogerio   Echad polvos.

(Filipo echa el tintero por polvos.)

Filipo   ¿Qué hice, cielos?
Turbéme; la tinta eché
por los polvos.

Rogerio   Eso fue
como echar sobre amor celos.
  Dadme el papel blanco acá.

(Vuelve a escribir otra carta.)

Filipo (Aparte.)   (Otra vez vuelve a escribir.
Tal prudencia, tal sufrir,
¿qué mármol no obligará?
  ¡Que echase la tinta yo
por los polvos! Pero, ¿a quién
no turba un sabio? ¡Ay, mi bien,
tu memoria lo causó!
  Mi turbación manifiesta,
Leonisa, lo que te quiero.)

Rogerio   Filipo, éste es el tintero
y la salvadera es ésta.

(Vase Rogerio con la carta escrita.)

Filipo	¡Compendiosa reprensión
	y discreto advertimiento!
	Tan sutil entendimiento
	bien merece admiración;
	pero mayor me la ha dado
	lo que por cifras me avisa.
	¿Qué le importa que en Leonisa
	ocupe amor mi cuidado,
	que con tan claras señales
	muestra el pesar que le doy?
	¿Qué le va si suyo soy,
	en que traiga sus corales?
	Bien la debe de querer;
	juntos vivieron los dos;
	si él es duque, Amor es Dios;
	¿quién tendrá mayor poder?
	Pues sea su amante o no,
	que si disgusto le dan
	los corales en que están
	cifras que Amor declaró,
	yo que no oso cara a cara
	mis deseos descubrirle,
	por escrito he de decirle
	el favor que los ampara.
(Escribe y habla.)	Lo que por sabio penetra,
	en este papel resuma.
	Sirva de lengua la pluma
	y de palabra la letra.
	Firméla; bien está así.

(Cierra el papel y sobrescríbele.)

«Al duque nuestro señor.»

Declaradle vos mi amor,
papel, cuando vuelva aquí.

(Deja el papel sobre la mesa y vase. Sale Rogerio.)

Rogerio   Prometió venir a verme
Leonisa, y fue en prometer,
como en el amar, mujer.
La ausencia es sueño; ella duerme;
mas ya que a favorecerme
no venga, sea a atormentarme,
que si por Filipo a darme
viene penas que sufrir,
más vale verla y morir,
que no verla y abrasarme.
                        Aquí está un papel cerrado,

(Tómale y ábrele.)   sobrescrito para mí.
¿Quién le dejaría aquí?
De Filipo está firmado.
Hele reñido, no ha osado
de vergüenza y de temor
darme cuenta de su amor,
y darámele en papel,
que en fe de que hay poca en él,
no tiene el papel color.

(Lee.)   «Leonisa, señor, perdió
los corales que os dan pena.
Hallélos, y una cadena
le envié, que recibió;
que la besaba vi yo,
con que satisfecho quedo,
si de vuestro gusto excedo
por intentarme casar,

vos lo podéis remediar,
que yo la adoro, y no puedo.»

Aquí si que es menester
estudiar, ciego rigor.
Comenzó amor por amor;
viniéronle a suceder
celos; mas ya, ¿qué he de hacer
si para fin de mis años
se van aumentando daños,
pues quieren mis penas, cielos,
que a mi amor sucedan celos,
y a mis celos desengaños?
¡Que Leonisa me olvidó
tan presto! Escribí en arena.

(Lee.)   «Hallélos, y una cadena
le envié, que recibió.»

¿Por oro Filipo entró?
Pero el oro —¡que no acaba!—.
¡Ay, cielos!

(Lee.)   «Que la besaba
vi yo.» Basta, que si agora
Amor ya sus flechas dora,
no habrá menester aljaba.
Confiesa el suyo sin miedo,
y no le puedo culpar.

(Lee.)   «Vos lo podéis remediar,
que yo la adoro, y no puedo.»

Concluido, por Dios, quedo.

¿Qué hay que replicar aquí?

(Rompe el papel.) Ganó lo que yo perdí.
Pierde el que a jugar se asienta,
y paga aunque más lo sienta.
Lo mismo será de mí.
    Casarlos mañana intento,
y mostrar cuán sabio soy,
pues venciéndome a mí, doy
corona a mi sufrimiento.
Esto dice el pensamiento,
mas no el amor en que excedo
a la ley que admito y vedo.
Si hacéis, ausencia, olvidar,
«vos lo podéis remediar,
que yo la adoro, y no puedo».

(Sale Enrique.)

Enrique   Ya la dispensación, duque, ha venido,
ya le dan parabienes a Clemencia,
y ya yo, castigado, presumido,
de mis desdichas lloro la experiencia.
Interpreté, de vos favorecido,
en mi favor la equívoca sentencia
que pronunciaste, misterioso, un día,
juzgando que Clemencia fuera mía.
    Engañéme de puro confiado.
Gozadla, primo, vos, que si algún gusto
admite mi dolor desesperado,
es ver lograrse en vos amor tan justo.
Yo, duque, moriré menospreciado,
abriles agostando este disgusto
de una florida edad, de un firme amante,
de un desdichado, en fin.

Rogerio   Dadme ese guante.

(Vase Rogerio.)

Enrique   ¿Sin responderme se va
                    y de la mano me lleva
                    el guante? Confusión nueva,
                    ¿quién declararos podrá?
                    ¡Válgate el cielo por sabio!
                    ¿Guante mío para qué?
                    ¿Si de desafío fue
                    contra su primer agravio?
                    Mas no, que en el desafío
                    quien los hace y solicita,
                    guantes da, que no los quita,
                    y el duque se lleva el mío.
                    ¿Yo dándole parabienes,
                    y él mis penas escuchando?
                    ¿Yo muriendo, y él callando
                    sus dichas y mis desdenes;
                    y cuando esperando está
                    respuesta mi amor constante,
                    sale con «dadme ese guante»,
                    y sin hablarme se va?
                    ¡Oh enigmático Rogerio!
                    Hablad y daos a entender,
                    que Enrique no puede ser
                    Edipo de este misterio.

(Vase Enrique. Sale Clemencia, con banda, y dos criados.)

Clemencia   Cuanta hacienda tengo es poca
                    para albricias de este bien.

El seso he dado también,
que estoy de contento loca.
    Ya se ha acabado mi mal.
¡Oh, alegre dispensación

Criado I   Cerca de la posesión,
                 todo amor es liberal.

Clemencia   ¿Rogerio, qué dice a esto?

Criado II   Celebrara su alegría,
                 si de su melancolía
                 no fuera el mal tan molesto.

Clemencia   La causa de su pesar
                 me atreviera a decir yo,
                 pero mi amor me enseñó
                 a sentirlo y a callar.
                     Él es sabio y obediente.
                 No sabrá salir del gusto
                 de su padre.

Criado I   Y eso es justo.

Clemencia   Yo sé de mi amor ardiente
                     si una vez su esposa soy,
                 que sabré hacerle olvidar
                 memorias de su pesar.

(Sale Enrique.)

Enrique   Mil parabienes os doy,
                     aunque a mi costa, señora,
                 del tálamo que esperáis,

puesto que ingrata pagáis
un alma fiel que os adora.
  Gozad de amor fértil fruto
con que a Francia reyes deis,
que si vos galas traéis,
las de Enrique serán luto.
  ¡Pobre de quien con perderos
tiene de perder la vida!

Clemencia   No agriéis con vuestra venida,
              Enrique, el gusto de veros.
                Ya os dije la voluntad
              que de obedecer mi tío
              ha tenido el gusto mío.
              Mi contento acompañad;
                que si me queréis, es justo
              que mis dichas os le den.

Enrique   Mézclase el mal con el bien,
              y el placer con el disgusto.
                De mezcla el alma se viste,
              porque estáis vos, prima mía,
              alegre, tengo alegría,
              y porque os pierdo, estoy triste.

(Sale Filipo con una caja curiosa cerrada, con un papel.)

Filipo   El duque, nuestro señor,
              dilata, señora, el veros,
              porque teme entristeceros
              su melancólico humor,
                y este presente os envía.

Clemencia   Su mal agua mi placer.

111

Enrique	Regalos deben de ser y joyas de la sangría.
Criado I	¡Qué de perla y de diamante el nuevo esposo enviará!
Criado II	Es sabio y largo. Sí hará.
Clemencia	Aquí solo viene un guante.
Criado I	¿Guante? Debe de pedir limosna.
Criado II	¿Hay mejor sangría? ¡Costosas joyas envía!
Clemencia	¿Qué es lo que querrá decir mi esposo en este presente?
Criado I	¿Guante? ¡Donoso regalo! Para parches no era malo, si tuviera llaga o fuente. su esposa.
Clemencia	No sin misterio viene.
Criado I	¿Si es desafío?
Enrique	Señora, ese guante es mío.
Clemencia	¿Vuestro guante a mí, Rogerio?

Enrique	El compañero está aquí. Averiguadlo por él.
Clemencia	Quiero mirar el papel.
Enrique	Siempre este sabio habla así.
Clemencia	Desaciertos suyos son sentencias dignas de estima.
Enrique	Veamos el papel, prima.
Clemencia	Solo contiene un renglón.
Criado II	Hasta en las letras también es avariento.
Clemencia	¡Ay, de mí!
Enrique	Leed.
Clemencia	Dice el duque aquí: «Esto solo os viene bien.» ¡Que este guante solamente me viene a mi bien! ¿Por qué? Si no es que sin seso esté. ¿qué es lo que por esto siente? ¿No habéis dicho que era vuestro?
Enrique	Él mismo me le quitó.
Clemencia	Que os quiero bien sospechó; pues siendo tan sabio y diestro, ¿quién duda que habrá alcanzado

lo que me habéis pretendido,
y de celos combatido
este guante me ha envïado
  para que se signifique
la mano en él de su dueño?

Enrique

No fuera ese bien pequeño
si lo consiguiera Enrique.

Clemencia

  Sospechas todo lo ven,
y de vos celoso en vano,
dice que en vez de la mano,
me viene este guante bien.
  Bien puede de vos formar
quejas su melancolía.

Enrique

Claro estaba, prima mía,
que yo lo había de pagar.

(Sale un Criado.)

Criado III

  Un accidente le ha dado
a vuestro esposo, señora,
mortal.

Clemencia

  Negad, conde, agora
que vos se lo habéis causado.

Enrique

  Decís bien; culpadme a mí.

Clemencia

Conde, mi sospecha es clara,
que el duque no me dejara
por otra, a no ser así.
  Quitáosme, Enrique, delante.

(Vase Clemencia.)

Enrique   ¿Qué es esto, cielo cruel?

Criado II   Sacaos la sangre por él,
                       regalaraos con un guante.

(Vanse todos. Sale Rogerio.)

Rogerio   No estoy bien acompañado.
                       Dejadme. Cerrá esa puerta;
                       pues mi esperanza es ya muerta,
                       viva eterno mi cuidado.
                       ¡Que por la posta han llegado
                       las penas de mis sentidos!
                       No basta, gustos perdidos,
                       el grado en que Roma piensa
                       dispensar, pues no dispensa
                       Amor en casos prohibidos.
                          Diga el médico verdad,
                       pues siendo sangre, es amor,
                       será su grado mayor
                       por la consaguinidad.
                       Leonisa en mi voluntad
                       como más propincua vive;
                       es pastora, y no recibe
                       mi estado. Su suerte corta
                       dispense Amor; mas ¿qué importa,
                       si la razón lo prohibe?
                          ¿Los celos también no son
                       en amor prohibidos grados?
                       Pues si están averiguados,
                       ¿qué importa dispensación?

115

¿No es mayor jurisdicción
la de Amor y más precisa
que esotras? Sí. Pues, ¿qué prisa
Roma ha dado a mi paciencia?
Mi amor no quiere a Clemencia,
ni mi nobleza a Leonisa.

(Salen Leonisa, pugnando por entrar, Carlín, y un Guarda.)

Leonisa   He de entrar, aunque les pese.

Guarda   ¡Tente, villana!

Rogerio   ¿Qué es esto?

Leonisa   Quien vive con tantas guardas,
o es cobarde, o anda preso.

Rogerio   ¡Leonisa es! Dejadla entrar.
¡Vos aquí! ¿A qué bueno?

Leonisa   A procurar que lo estéis,
que allá ya os juzgan por muerto.

Rogerio   ¿Muerto?

Leonisa   Sí.

Rogerio   En vuestra memoria
lo estaré.

Leonisa   ¡Pluguiera al cielo,
y no usurpara mi llanto,
duque, los ojos al sueño!

Rogerio	Vendrás a ver a Filipo.
Leonisa	Eso, sí, buscad, Rogerio, excusas a vuestras bodas, y grados a mis tormentos.

(Siéntase Rogerio.)

Rogerio	Diréis que le aborrecéis. Corales vi yo por trueco de eslabones, que, dorados, yugo son de vuestro cuello.
Leonisa	También yo vi que os llamaba Bretaña sabio y discreto, sin merecer este nombre, quien preciándose de serlo, es tan fácil en creer.
Rogerio	¿Los ojos cuándo mintieron?
Leonisa	Cuando no los rige el alma, ni alumbra el entendimiento.
Rogerio	¿Pues engañáronse?
Leonisa	Sí.
Rogerio	¡Pluguiera a Dios! pero tengo testigos, yo en vuestro daño, fidedignos, fuera de ellos.

(Sale el Duque.)

Duque	Hijo ¿qué nuevo accidente es éste, que en tanto extremo os tiene, que solo estáis? Más ¿qué villanos son éstos?
Leonisa	Yo, gran señor, soy Leonisa, hija de Lauso, el rentero de Pinardo, que me manda que venga a ver a Rogerio.
Carlín	Y yo soy saludador, que cuando rabian los perros, a dos soplos...
Duque	¿Qué?
Carlín	A dos soplos mato un candil y lo enciendo.
Duque	Si de estas simplicidades gustáis, hijo, entreteneos y aliviad melancolías.
Rogerio	Criéme, señor, con ellos.
Leonisa	No hemos venido de balde.
Duque	¿Cómo?
Leonisa	Curo en nueso pueblo de mal de hechizos y de ojo, y a la fe, que si no miento, que está Rogerio hechizado.

Duque	¿Qué dices?
Leonisa	Allá sabemos mucho de esto las mujeres.
Carlín	Y los hombres mucho menos.
Leonisa	Hechizos son, no hay que hablar.
Duque	Bien puede ser.
Leonisa	¡Y qué cierto! ¿Ello va a decir verdades?
Duque	Sí.
Leonisa	Pues guarde secreto. Quiso allá Rogerio mucho, siendo solo caballero, a una serrana algo bruja.
Carlín	Que chupa niños y viejos.
Leonisa	Como ahora le ve duque, y ha mudado con el tiempo la voluntad, pues se casa, hechizóle.
Duque	Yo lo creo; que tristeza semejante no es natural, ni yo puedo creer que quien sabe tanto, si hechizos no me le han puesto

como está, viéndose duque,
se entristezca; ¿es verdad esto?

Rogerio   Verdad es que a una serrana
                       quise, más ya no la quiero.

Leonisa   ¿Velo si doy en el punto?
(Aparte.)   (¡Ah, mudable!)
                                    Pues yo vengo
                       a curarle.

Carlín   Y yo también.

Leonisa   Calla, bestia.

Carlín   Dime bestio,
                       que soy macho y hembra no.

Duque   ¿Sabréis vos?...

Leonisa   Comisión tengo
                       de la bruja para todo.
                       Déjeme hablarle en secreto.

Duque (Aparte.)   (Hay en todas las montañas
                       de estos extendidos reinos
                       mil gentes de estas perdidas,
                       tributarias del infierno.
                       Pues lo afirma esta mujer,
                       su hechizo debe ser cierto,
                       y no es mucho colegir
                       de tal causa tal efecto.)

Rogerio   Yo lo vi, no hay que excusarte.

120

Leonisa	Firela hizo aquese enredo por casarme con Filipo, y Carlín fue el instrumento.
Rogerio	Filipo mismo te culpa.
Leonisa	¿Pues qué amante, si no es necio, siendo parte apasionada, no mentirá en su provecho?
Rogerio	¿Su cadena recibiste?
Leonisa	Por tuya, que este grosero en tu nombre me la dio.
Rogerio	¿Carlín? ¿Pues qué le iba en eso?
Leonisa	Engañarme.
Rogerio	No, Leonisa; tus liviandades me han muerto.
Leonisa	Yo he sido en firmeza bronce; por testigo pongo al cielo.
Rogerio	Con Filipo has de casarte.
Leonisa	Daréme muerte primero.
Rogerio	Tú le adoras.
Leonisa	Mentís, duque.

Carlín	¡Quedo, cuerpo de Dios, quedo!
Duque	Apartaos, pastor, acá.
Carlín	¿Que me aparte? ¡Por Dios bueno! Traeme por saludador Leonisa y por sopladero.
Duque	¿Saludador?
Carlín	¿No lo ve? de soplón vivo; aunque creo que hay muchos ya de este oficio que acá llaman lisonjeros.
Rogerio	Yo te he querido, Leonisa, con el amor más perfecto de cuantos su deidad honran. Vi tu mudable sujeto; déjame, y ama a Filipo.
Leonisa	Nómbrale y dame tormento.
Rogerio	Clemencia es ya esposa mía.
Leonisa	Si no la abrasan mis celos. La palabra has de cumplirme.
Rogerio	Soy ya duque.
Leonisa	Y aun por eso.
Rogerio	Llámanme sabio.

Leonisa	No lo es quien se muda a todos vientos. ¿Amas a Clemencia?
Rogerio	No.
Leonisa	¿Y quien se casa, es discreto, con quien aborrece?
Rogerio	Es fuerza
Leonisa	¿Por qué?
Rogerio	Mi padre obedezco.
Leonisa	¿Dios no es más que el padre?
Rogerio	Sí.
Leonisa	¿Amor no es dios?
Rogerio	Es dios ciego.
Leonisa	¿Tiénesme amor?
Rogerio	¡Ay, ingrata!
Leonisa	Di verdad.
Rogerio	Mucho te quiero.
Leonisa	¿Y no me obedeces?
Rogerio	No.

Leonisa	¿Por qué?
Rogerio	Mil estorbos veo.
Leonisa	¿Y son?
Rogerio	La dispensación.
Leonisa	No la aceptes.
Rogerio	¿Cómo puedo?
Leonisa	Dame a mí la mano.
Rogerio	¿Cómo?
Leonisa	Siendo mi esposo.
Rogerio	Eso temo.
Leonisa	No teme Amor.
Rogerio	Antes sí.
Leonisa	¿Cuándo?
Rogerio	Cuando tiene celos.
Leonisa	No los creas.
Rogerio	Vilos yo.
Leonisa	¿A eso vuelves?

Rogerio	A eso vuelvo que eres fácil.
Leonisa	Mentís, duque.
Carlín	¡Quedo, cuerpo de Dios, quedo!
Duque	¿Qué es lo que habéis colegido, serrana, de nuestro enfermo?
Leonisa	Que está hechizado, señor.
Carlín	El alma a soplos le he vuelto.

(Sale Filipo.)

Duque	¿Qué os parece, secretario? Hechizado está Rogerio.
Filipo	¡Válgame Dios, qué desgracia! (¿No es esta Leonisa, cielos?)
Leonisa	Señor, todo nuestro hechizo consiste —verá si acierto— en ponerle unos corales que Filipo trae al cuello.
Duque	¿En corales de Filipo?
Leonisa	Sí, porque vienen en ellos, según nos dijo la bruja, estos hechizos envueltos.

Duque	¿Tenéislos vos?
Filipo	Sí, señor.
Duque	¿Quién os lo ha dado?
Filipo	Hallélos.
Leonisa	Y consintió todo el mal del duque solo en perderlos.
Duque	Dadlos acá.
Filipo	¡Ay, prenda mía! perdiéndoos, perderé el seso.
Leonisa	Si yo le amara, cruel, no tuviera atrevimiento para pedirle mi sarta.
Rogerio	Por engañarme lo has hecho.
Leonisa	Póntelos.
Rogerio	¿Yo? ¡Cómo! Aparta, que estos corales me han muerto.

(Al Duque.)

Leonisa	¿No ve como se resiste? Mire su merced si es vero lo que dice. Téngale.
Duque	Por mi bien te trujo el cielo.

	Hijo, en esto está tu vida.
Rogerio	¡Que os engañan!
Duque	Ten sosiego.
Rogerio	¿Corales que has dado, ingrata, a otro, me pones?
Leonisa	Fueron hallados, que dados no. Mi bien, mi esposo, mi dueño, crédito, o muerte me da.
Rogerio	En fin, ¿mis ojos mintieron
Leonisa	Los ojos, mi duque, no.
Rogerio	¿Pues quién?
Leonisa	El entendimiento.
Rogerio	¿Qué no me ofendiste?
Leonisa	Nunca.
Rogerio	¿Que me quieres?
Leonisa	Sin ti muero.
Rogerio	¿Y a Filipo?
Leonisa	Si le nombras...

Rogerio	¿Qué harás?
Leonisa	Rasgaréme el pecho.
Rogerio	Tu esposo soy.
Leonisa	Yo tu esclava.
Duque	¿Cómo estáis?
Rogerio	Mejor me siento.

(Sale Clemencia.)

Clemencia (Aparte.)   (¿Es posible que hechizado
esté el duque? Mas —iay cielos!—.
¿No es ésta la labradora,
nublado de mis contentos?)
Prendan a estos dos villanos.

Duque   Sobrina, ¿qué hacéis?

Clemencia   Prendedlos.

Duque   ¿Por qué, si a curarle vienen?

Clemencia   La hechicera que me ha muerto
y a mi esposo tiene así,
es ésta. Préndela presto

Filipo   Amor, ayudad mi causa,
y victoriosos saldremos,
Gran señor, esto es verdad.
Yo sé que quiso a Rogerio

esta pastora infinito,
e intenta ahora de nuevo
hechizarle.

Duque   ¿Qué decís?

Filipo   Este pastor, si a tormento
               le ponen, dirá lo que es.

Carlín   ¡Helo aquí todo en el suelo!

Duque   Di lo que sabes.

Carlín   Señor,
               la verdad es que yo vengo
               por saludador de anillo,
               que ni tal oficio tengo,
               ni en viernes santo nací.

Duque   ¿Y quién es ésta?

Carlín   Yo pienso
               que es bruja que a chupar viene
               ducos desde nuestro pueblo.

Clemencia   ¿Qué os parece, gran señor?

Duque   ¡Hay tal cosa! Quitad luego
               a Rogerio esos corales,
               que el hechizo vendrá en ellos,
               y prendan aquestos dos.

Rogerio   ¡Traidores! ¿estáis sin seso?
               ¿A mi Leonisa? ¿A mi esposa?

Eso no.

Clemencia	Gran señor, ¿veislo?

Carlín   Luego que soplón me vi,
adiviné el paradero.
¿Mas que me queman por brujo?
¡Ay, Dios! A chamusco huelo.

(Echan mano a Leonisa y Carlín.)

Rogerio   ¡Viven los cielos! villanos,
que si, la esposa que quiero
más que a mí, no dejáis libre
que pierda al duque el respeto.
Dadme una espada.

Duque   ¿Hay tal cosa?
Dejalde, que está sin seso.
Curaréle la villana,
o mataréla a tormentos.

(Vanse todos menos Rogerio. Sale Enrique.)

Enrique   Señor, ¿qué alboroto es éste?

Rogerio   ¡Ay, Enrique, que me han preso
el alma, el gusto, la vida!

Enrique   No hagáis, primo, esos extremos.

Rogerio   No haré, si vos me ayudáis.

Enrique   Yo moriré al lado vuestro.

Rogerio   Pues venid, diréos el cómo,
                 que no interesáis vos menos.

(Vanse los dos. Salen el Duque y Pinardo.)

Duque   Sí, Pinardo, hale hechizado
                 una pastora a quien quiso.

Pinardo   Quien os ha dado ese aviso,
                 os ha, señor, engañado;
                    porque esa pastora es
                 ocasión de mi venida,
                 y tan noble y bien nacida
                 como Clemencia. Después
                    que no os veo, se murió
                 el pastor a quien tenía
                 por padre y obedecía
                 Leonisa, el cual me dejó
                    aqueste papel cerrado,
                 mandando que se me diese
                 el día mismo que muriese.
                 Leíle, y de él he sacado
                    que era un noble caballero,
                 que del gran duque ofendido
                 de Borgoña, y persuadido
                 de vengarse, el medio fiero
                    que tomó, fue de dar muerte
                 a Leonisa en una quinta,
                 recién nacida, en quien pinta
                 el cielo su ilustre suerte.
                    Hallóla sola y tan bella,
                 que juzgando por crueldad
                 el marchitar su beldad,

huyó a estos montes con ella;
que por vivir desterrado
de Borgoña y sin hacienda,
le pareció con tal prenda
quedar más rico y honrado.
    Vino en traje de pastor,
nombréle por mi rentero,
hasta que al trance postrero
esto me escribió, señor.
    Ved como será hechicera
quien de Clemencia es hermana.

Duque   Novela fuera esa vana,
                         Pinardo, si no supiera
                             la pérdida de una hija
                         que el duque mi hermano tuvo,
                         por cuya ocasión estuvo
                         para morir. Regocija
                             mi tristeza aquesa nueva.
                         A sacaría de prisión
                         vamos, que si el afición
                         que melancólica prueba
                             de Rogerio la firmeza,
                         siendo su esposo este día,
                         tendrá su melancolía
                         fin, y premio su belleza.

Pinardo   Los pies, gran señor, os beso.

Duque   Clemencia perdonará,
                         que más Pinardo, me va
                         el ver al duque con seso.

(Sale Rogerio.)

Rogerio	Ya yo, señor, estoy bueno,
	y mi tristeza pasada,
	en contento convertida,
	le debe a aquella serrana
	esta cura milagrosa.
	Que la suelten, señor, manda,
	si no es que pagues servicios
	con prisiones y amenazas.
Duque (Aparte.)	(¡Extraña fuerza de amor
	tiene la voluntad! Tanta,
	que disimula contento,
	solamente por librarla.)
	Hijo, de veros ya bueno
	doy a los cielos mil gracias,
	y haré mercedes también
	a la pastora que os ama;
	mas habéis de ser esposo
	de Clemencia.
Rogerio	Como el alma
	de la enfermedad del cuerpo
	defectos participaba
	no conocía la dicha
	que con la duquesa gana;
	pero ya que la conoce,
	en su hermosura idolatra.

(A Pinardo.)

Duque	Todo esto, Pinardo, finge
	porque la pastora salga
(Aparte.)	libre y segura. (¡Oh, Amor!

133

Asombros son tus hazañas.)
Llevad aquesta sortija
a la prisión, y sacadla;
pero haced que venga aquí.

Pinardo   Cosas he visto hoy extrañas.

(Vase Pinardo. Salen Enrique y Filipo.)

Enrique   La duquesa de Clarencia,
que de Ingalaterra pasa
a París, está en la corte.

Duque   ¿Qué decís?

Enrique   Esta mañana
en el puerto más cercano
tomó tierra; que es Bretaña,
la provincia más propincua
a Ingalaterra, de Francia.
Viene huyendo de su rey,
en el favor confïada
del nuestro, que es su pariente,
y aunque poco acompañada,
no quiere pasar sin veros.

Duque   Avisen luego a madama
Clemencia, y a recibirla
vamos todos.

Enrique   Ya está en casa.

(Sale Leonisa, a lo inglés, bizarra, y Carlín, a lo gracioso, también inglés.)

Leonisa	No nos eches a perder.
Carlín	Bona guis toixton. Palabras inglesas hablaré solas, y en lo demás chite y calla.
Leonisa	Deme los pies vuestra Alteza.
Duque	Gran duquesa, no esperaba nuestra corte tanta dicha.
(Aparte.)	(¡Cielos! ¿Ésta no es la cara de Leonisa, la pastora? Mas no; que en brevedad tanta, ¿cómo engañarme pudiera? Su rostro y talle retrata.)
Filipo (Aparte.)	(¿No es mi Leonisa ésta, cielos? Mas —¡ay, ojos!— que os engañan mentirosas apariencias.)
Rogerio	Primero que a París parta vuestra excelencia honre esta corte, que ya siente que se vaya.
Leonisa	Por serviros, gran señor, dilataré mi jornada.
(A Carlín.)	
Filipo	Diga, señor caballero, ¿cómo se llama madama la duquesa?
Carlín	Bona guis

toixton.

Filipo   No entiendo palabra.
                 ¿Tiene su asistencia en Londres?
                 ¿Es doncella o es casada?

Carlín   Bona guis toixton.

Filipo   ¿Qué es esto?
                 ¿Hay figura de más gracia?
                 ¿Es caballero?

Carlín   Monsiuro.

Filipo   Gracias a Dios que ya habla
                 palabras inteligibles.

(Sale Clemencia.)

Clemencia   Si el duque está sano y paga
                 mi voluntad en albricias,
                 excede mis esperanzas,
                 señor.

Duque   Advertid, sobrina,
                 que tenéis en vuestra casa
                 la duquesa de Clarencia,
                 para honrar nuestra Bretaña.

Clemencia (Aparte.) Vueselencia. (¡Ay, Dios! ¿qué miro?
                 ¿no es iquesta la serrana
                 hechicera de mi esposo?)

Carlín (Aparte.)   (¿Mas que aquí mos desacatan?)

(Sale Pinardo.)

Pinardo   No está en la prisión Leonisa.

Duque   ¿Cómo es eso?

Pinardo   También falta
el rústico que traía.

Carlín (Aparte.)   (Temblando están mis lunadas.)

Clemencia   Ésta es, Leonisa, señor,
y éste el villano, que engañan
tu corte, si no la hechizan.

Duque   ¡Bárbaro! ¿Quién eres? Habla.

Carlín   Bona guis toixton.

Clemencia   ¡Matadle!

Duque   Sosegad, Clemencia; basta.

Clemencia   ¡Matadle!

Carlín   Bercebú lleve
el bona guis y las bragas.
Yo soy Carlín, señor duco,
y ésta Leonisa, empanada
inglesa, que sacó el conde,
porque Rogerio lo manda.

Duque   Conde Enrique ¿cómo es esto?

Enrique	Rogerio ha sido la causa de que estén estos dos libres.
Clemencia	Ésta es Leonisa; matadla.
Rogerio	Clemencia, sedlo en las obras.
Duque	No será vuestra ira tanta, que gustéis de dar la muerte aquí a quien es vuestra hermana.
Clemencia	¿Quién es mi hermana?
Duque	Leonisa, la que ha sido tan llorada de vuestros padres, perdióse, y hoy el cielo os la restaura.
Clemencia	¡Ay, hermana de mis ojos! No hay para qué hacer probanzas. La sangre sin fuego hierve; reconocido te ha el alma. Dame esos brazos.
Leonisa	¿Qué es esto?
Pinardo	No eres, Leonisa, villana; hija, sí, del de Borgoña.
Rogerio	¡Ay, gloria de mi esperanza!
Leonisa	¿Yo soy duquesa, señores?

Duque	De Borgoña sois infanta.
Leonisa	¿Y esposa del duque, quién?
Duque	Clemencia.
Leonisa	Pues no soy nada.
Rogerio	Melancólico estaré toda mi vida, si pasan adelante los efectos por no remediar la causa. Leonisa ha de ser mi dueño.
Clemencia	Siendo Leonisa mi hermana, en albricias de su hallazgo, mi amor en ella traspasa su acción.
Leonisa	Las manos te beso.
Rogerio	Sed, pues, hoy en todo franca. Dad la vuestra al conde Enrique.
Clemencia	Cuando dispensare el Papa.
Duque	También será menester para los dos.
Carlín	¡Alto! vayan por otra para Carlín, que esta comedia se acaba sin bodas. Tirso la ha escrito; a quien la juzgase mala,

malos años le dé Dios,
y a quien buena, buenas pascuas.

Fin de la comedia

Libros a la carta

A la carta es un servicio especializado para
empresas,
librerías,
bibliotecas,
editoriales
y centros de enseñanza;
y permite confeccionar libros que, por su formato y concepción, sirven a los propósitos más específicos de estas instituciones.

Las empresas nos encargan ediciones personalizadas para marketing editorial o para regalos institucionales. Y los interesados solicitan, a título personal, ediciones antiguas, o no disponibles en el mercado; y las acompañan con notas y comentarios críticos.

Las ediciones tienen como apoyo un libro de estilo con todo tipo de referencias sobre los criterios de tratamiento tipográfico aplicados a nuestros libros que puede ser consultado en Linkgua-ediciones.com .

Linkgua edita por encargo diferentes versiones de una misma obra con distintos tratamientos ortotipográficos (actualizaciones de carácter divulgativo de un clásico, o versiones estrictamente fieles a la edición original de referencia).

Este servicio de ediciones a la carta le permitirá, si usted se dedica a la enseñanza, tener una forma de hacer pública su interpretación de un texto y, sobre una versión digitalizada «base», usted podrá introducir interpretaciones del texto fuente. Es un tópico que los profesores denuncien en clase los desmanes de una edición, o vayan comentando errores de interpretación de un texto y esta es una solución útil a esa necesidad del mundo académico.

Asimismo publicamos de manera sistemática, en un mismo catálogo, tesis doctorales y actas de congresos académicos, que son distribuidas a través de nuestra Web.

El servicio de «libros a la carta» funciona de dos formas.

1. Tenemos un fondo de libros digitalizados que usted puede personalizar en tiradas de al menos cinco ejemplares. Estas personalizaciones pueden ser de todo tipo: añadir notas de clase para uso de un grupo de estudiantes, introducir logos corporativos para uso con fines de marketing empresarial, etc. etc.

2. Buscamos libros descatalogados de otras editoriales y los reeditamos en tiradas cortas a petición de un cliente.

www.ingramcontent.com/pod-product-compliance
Lightning Source LLC
Chambersburg PA
CBHW051729040426

42447CB00008B/1050